情感 教育

成人第一版

盧洋平／著

使用手冊

　　使用前須知：本書好比愛情指南手冊，會讓你更有方向感不易迷失方向，但仍需要你實際走上愛情這條路，才會有幫助，只是讀完本書但沒有任何實際行動發生，你也不會有任何進步，切記一定要勇於行動、多加練習，才能突破感情中的困境。另外有鑑於男女心理特質的不同，本教科書設計和其他書籍不太一樣，分為三大章節，第一章節是男女通用的前導知識，二、三章節是分別寫給男性和女性，會站在各性別立場敘事，建議一定要看完通用知識以及自己性別的篇章，另一性別篇幅則依個人需求閱讀，但我個人不建議觀看另一性別的篇章，立場的不同恐怕不好理解、對你也沒有太多實際幫助，再者知道對方的出招會少了點驚喜感（特別是女性），由於男性要學的技巧知識非常多，本書也會教給男性較多的實務技巧，女生知道這些技術後好比被知道變法的魔術，驚奇感就是差了一點。而女性篇章則大多描述觀念少講技巧，畢竟對付頭腦簡單的男性幾乎沒有技術可言，再者女性愛情直覺天生敏銳，先天占有優勢不太需要學習技巧。另外不建議向情人或追求的曖昧對象講述本書中的道理，愛情是非常感性的，用理性分析說教的方式要求對方改變會讓對方覺得非常不舒服，真心覺得對方需要學習、改變，用間接的方式讓他知道情感教育的存在即可。以上是本書的簡單使用說明手冊，希望本書可以為你的愛情之旅帶來幫助。

Contents
目錄

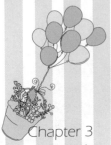

Chapter 3

第三章　**女人的愛情五階段** …… 133

Chapter 1

第一章
前導概念

01 為何你需要學習該如何談戀愛？

　　只要是談過戀愛的人都一定知道，男人和女人心理思維差異之大，猶如不同物種的生物，想要溝通幾乎是不可能的事，就像你要狗狗說貓話一樣，他天生就只會汪汪叫，除非你刻意後天要他學貓話。人的兩性溝通也是這樣，**你不刻意後天學習，幾乎不可能了解異性再想什麼，更不用想談戀愛一起生活了。**我們從小就接受各種教育、學習各種技能，想當醫生，就要用功念書學習醫療知識；想當運動員就要勤練體能，向教練學習運動技巧，否則不可能成功，因為世上沒有不需學習就掌握特定技能的天才存在。但奇怪的是，我們的教育裡似乎從未教過我們如何談戀愛、和異性相處，既然我們從未學習過，**談一場失敗的感情，才是必然的結果吧？**

　　再者愛情對一個人的身心發展有很大的影響（特別是初戀），感情問題沒處裡好輕則痛苦幾天，嚴重的話變成社會案件，會是一輩子的傷痕。所以不管男女老少，我們都應該學會如何談戀愛。在這裡我想給各位一些全新的觀念，愛情是一塊很特殊的領域，**你過去一輩子所學過的一切知識，恐怕在愛情領域裡都不適用，請先放下原有的成見，從新學起。**首先談戀愛是需要有預備知識、大量經驗和實戰練

習的（特別是男生），是一項技能的學習。而傳統的觀念會認為，感情是神聖的，不應該有太多交往經驗（尤其是女生），但是一個人的戀愛經驗少，不就意味著他可能不太懂異性、不太了解如何經營一段感情，吵架時可能情緒波動非常大、會無理取鬧，這樣要維持一段長久穩定的感情容易嗎？再換個問題，假如你今天生病需要開刀，你會選擇一個剛畢業的年輕醫生，還是一個從業多年的老醫師呢？我相信經驗的累積可以使兩性相處更加順利（當然不是叫你刻意一直換交往對象），希望大家可以開始思考這個問題：傳統這種又要馬兒好又要馬兒不吃草的觀念，真的合理嗎？希望各位讀者能夠多花一點點心思來學習兩性相處的相關知識、技巧，面對感情史較豐富的人也不需要投以異樣的眼光，他可能還再學習或是真的沒有遇到對的人罷了。

01、為何你需要學習該如何談戀愛？

02 愛情五階段概論

　　愛情真的是件讓人又愛又恨的事了，以為自己碰上了愛情，轉眼間又開始懷疑愛情是否真的到來過。對某些人來說是如此的刻骨銘心，對某些人來說卻是如此風輕雲淡，在這就來淺談愛情到底為何物。愛情像是種選擇，是奢侈品，是想要，不是需要，**愛情很美好，但沒有也不會怎樣**，不需要為愛情折腰（特別是男人！），在你陷入愛河前不是也是活得好好的嗎？沒有愛情的大有人在，也一樣可以有很美好的人生。愛情是讓你的生活更加分、更快樂，**如果一段感情會讓你過的痛苦，不如不要！**這個重要的概念男女通用，過度重視愛情，很容易讓你被對方牽著鼻子走，不論男女，在愛別人之前都應該要愛自己、尊重自己。

　　雖然很多人都想要一段穩定的感情，但愛情事實上是種隨時間變化的人際關係。一段長久的親密關係不是一成不變的，隨著認識的時間、雙方對彼此都熟悉程度改變，這段關係中的心理感受、雙方目光焦點、容易起衝突的點都不一樣，本書詳細介紹愛情的五大階段，不同的階段有不同的樂趣也有各自的難題，清楚的了解自己的感情狀態處於何種階段，能夠有效的讓你了解到這個時間點你應該做些什麼事，有哪些狀況容易發生、該怎麼預防，讓你在長期伴侶關係中

走得更加順利。

　　基本上絕大多數的愛情發展順序都是雷同的，每個階段都有一個不同的核心重點，依照時間發生順序來區分如下圖：

愛情階段

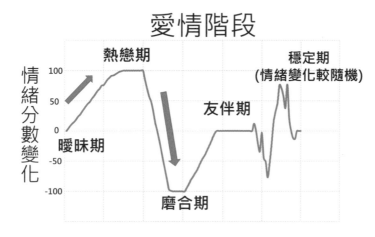

1. 曖昧前期：提升個人魅力、廣泛交友
   曖昧後期：曖昧加溫、給予安全感
2. 熱戀期：享受戀愛
3. 磨合期：尊重
4. 友伴期：陪伴
5. 穩定期：承諾

　　其實在穩定過後當然還有下一階段，如夫妻期、親子期、老年期等等，但基於本人相關經驗、知識不足，未來資訊準備充足後再來更新。另外一個重要提醒，為了讓愛情學起來更有結構性方便理解，將其分成五大階段，**但不代表某階段的知識只適用那個階段，或許在其他階段也用得上，務必將全部章節讀熟並獨立思考，才能活用知識對你產生最大的幫助。**

　　再來愛情是一件極為感性主觀的事，**在愛情裡最重要的就是感覺，事實真相只是其次沒那麼重要**，因此形象包裝、說話技巧非常重要，畢竟沒有人是完美的。相信這點讓許多男人難以適應，畢竟男人就是理性思考，傳統教育都教我們追求正確答案，但男生一定要開始學習抓女人的感覺，否則在情場絕對會吃大虧，我不是在鼓勵說謊欺騙，我強調的是「包裝」，如果你只有60分的實力卻說你有95分，那是欺騙，如果你有80分的能力說有90分，是包裝還在可接受範圍，就好比女生會化妝一樣，化妝是合理的包裝，但修圖修太多就是欺騙。

　　人與人互動也是某種程度的包裝，我們會對上司長輩比較有禮貌不會亂開玩笑，最親密的朋友反而比較知道你的真性情，愛情裡也是，一開始都會表現好的一面給對方看，直接展現最真實的一面恐怕根本不會有開始，但有趣的是這樣的包裝也造就了磨合期，此時才會發現對方真實的模樣、想

法和自己預期的不太一樣。總結來說，愛情的進程如下，先包裝好自己讓對方喜歡，然後轟轟烈烈愛過一場，熱戀過後面對現實開始磨合，磨合順利就穩定交往，不順利就換人流程重新來過，聽起來有點好笑，但卻是現實。

03 戀愛的成本

　　生活中的各種物品都有它的成本價格，電腦有它的成本價格，桌子有它的成本價格，然而你有想過這個問題嗎？談戀愛這件事，是否背後也有它的成本在？

　　在探討戀愛的成本之前，先來思考個有趣的事，情人與朋友之間，最大的差別是什麼？相信對男士而言答案已經非常明顯了，而有些女生可能會比較害羞、不好意思說出口，那也沒關係，因為答案在我們的文化之中，是鮮少被公開討論的話題，是的，情人與朋友間最大的差異就是親密行為，也就是性愛，這也是開頭問題的答案。

　　談戀愛當中一項很特別的成本，就是性行為，或許有些人會對這個答案感到斥之以鼻，那也無訪，**性愛的確不是愛情的全部，但卻是一項十分重要的元素**，心理學家Sternberg提出有名的愛情三元論，他認為完美的愛情需要有這三個要素：親密、激情、承諾，親密指的是類似朋友的情誼，你們會有共同興趣、聊天話題，能夠輕鬆愉快的相處再一起。而激情就很好理解了，就是對於伴侶強烈的占有欲、對他身體的渴望，期待身體親密接觸而產生的美妙火花。而承諾是指雙方共同對未來做出約定，給予對方安全感，比如何時結

婚、在哪裡買房、要生幾個小孩等等。依照這個模型來看，性愛的重要程度占愛情裡大約30%，「如果一段愛情關係裡面沒有性愛，那麼另外兩個要素都要接近滿分，才會有一段勉強及格60分的愛情」，性愛發生愛情裡面是再正常不過的，**少了性的愛情，很容易就導致雙方失去戀愛的感覺！**

性愛，這件事本身是中性的，是情人親密關係中自然會發生、正常不過的事，假設你覺得性是一件邪惡的事情，那請問你一件事，你是怎麼來到這個世界上的？不就是你的父母經由「性」，你才會出生在這個世界上，是否意味著你是邪惡的產物？全人類都是邪惡的產物呢？但不能否認的是，如果過度沉迷於性愛，或是把性愛當作愛情的全部，絕對會產生負面影響。性就像是個中立工具，結果是好是壞，單看使用者如何操作了，好比說你看到一個廚師拿著菜刀走進廚房，你一點都不會驚訝，覺得他只是要去做菜，然而如果是一個三歲小孩拿著菜刀走進廚房，你想必會很慌張，深怕這個孩子傷了自己、傷了別人，性愛也是如此，正確使用可以讓兩人更加親密，共創美好回憶，胡亂使用則會傷害到別人、觸犯法規受到懲罰。

回到談戀愛所需要付出的成本這部分，就結果而言，女生所需要支出的成本遠大於男生。先從最簡單的生理層面說起，首先是性病，這項風險男女基本上是一樣的，再來是私密處的細菌感染，因先天生理構造差異女性有較高的機率發

生感染。接著是懷孕這件只有女性會發生的事，這無疑是非常高的風險、成本，依照演化心理學的觀點，女性在擇偶條件上會比男性高出許多，因為在古代女性一旦懷孕，死亡的機率將大幅提升。想想看古時候獅子老虎到處跑的情況，妳懷孕跑的慢，第一個被吃掉的當然就是妳，就算懷孕期間安全度過，生產又是一大難關，古代的醫療技術跟現代怎麼能相比，一個小小的胎位不正、血崩都可能造成母親的死亡。

綜觀以上訊息，女人和男人談戀愛，是在「賭命」、「玩命」的，這個現象打從數萬年前人類出現時，一路延續至今。雖然現代的環境比起古代安全許多，但對女性而言談戀愛的風險有如「玩命」的這個概念仍存在於女性的潛意識中，形成一種用來保護自己的機制，這也是大家普遍認為女生很難追的原因，接著我們反觀男性，除了性病之外，男生進行性愛這件事幾乎沒有其他生理風險，既然風險小，自然就不會那麼仔細的去建立擇偶條件。

接著聊聊社會心理層面的風險，我們華人社會相較西方更加保守壓抑，對女性行為舉止要求更是嚴苛，女性就應該要遵守三從四德、勤儉持家、不該拋頭露面等等，對於女性身體的物化情況，更是嚴苛殘酷，「妳不可以這樣，人家會覺得妳很髒很隨便，嫁不出去」、「女孩子就是要賢淑端莊阿，妳這樣很像婊子」等等這類的話語、批判太多太多了，女性的行為一旦違反傳統良家婦女的形象，立刻就會受到外

界家人、朋友、社會大眾的抨擊。

以及最可怕的是，自己內心的責難、罪惡感，有些女生甚至真的覺得身為一個女人，就應該保護好自己的貞操，獻給未來的丈夫。這種不合理的觀念卻已經深深植入多數女生心裡了，也影響了她們對自我價值的看法，只要沒有保護好身體的潔淨，就是糟糕、邪惡的破女人。此時女生將會從內心深處的厭惡、痛恨自己，「就算事實上沒人在批判她，光是她的內心的自我攻擊、罪惡感就足以嚴重影響她的日常生活」，但這樣的想法絕對是**不合理且無知的**。

首先從道德層面來看，為什麼發生過性行為的女生身體就是髒呢？她們有染上什麼疾病細菌嗎？發生過性行為的男性就是乾淨嗎？**這種歧視女性身體的心態更加骯髒吧，如果一個男生會因為妳不是處女而不要妳，那他充其量愛的只是妳的身體罷了。**這樣子的男人妳還要嗎？每個人都有自己身體的自主權，不論男女只要在符合法令規範下自願和某人發生性行為，都是個人自己的決定，跟罪惡、骯髒完全扯不上關係。男人會有這種處女情節，或許只是自尊心作祟，自己魅力不足找不到合適對象而產生自卑感，吃不到葡萄說葡萄酸，因憤怒對女性身體進行攻擊罷了。有關女性身體自主權的討論曾有一篇讓我特別印象深刻，那就是楊雅晴在TED的演講，力道和尺度都非常強悍，你不見得要認同她的觀點，但確實令人印象深刻，有興趣的讀者可以自行搜尋。

03、戀愛的成本

　　反觀男性，從來就沒有這方面的問題，男生好色、嫖妓、外遇似乎被當作理所當然。一個簡單而實際的例子，一但有藝人出現桃色風波，第一個遭受謾罵的一定是女生，而男方呢？道個歉，消失一陣子等風波平息，一樣可以出現在螢光幕前，繼續他的演藝之路。然而對於女方來說，她的演藝生涯基本上已經結束了，她已經被認定是一個骯髒、沒有羞恥心的女人了。

　　很明顯的，女生在談戀愛的成本比起男性是遠遠超乎想像的高，因此女生難追、耍脾氣、難以捉摸都是非常合理的。這一部分也是她們保護自己的機制，要是女生隨便就墜入愛河，發生性關係，可是會嚴重影響到她們的性命呢！也因此在感情中男生付出更多心思、責任是應該的，對女生多一點點的包容，也是展現紳士風度的表現。總結一下目前所學習到的，男性同胞必須去意識到，女生談一場戀愛，所賭上的重本是她的「生命」，和我們男生不同，男生基本上交配完了好開心就沒我們的事了。就算我前面的論述你看不懂也沒關係，把最後結果背下來就可以了，「女性談戀愛的風險遠遠大於男性」，這個概念往後許多章節都會再提到，務必熟記。

04 　愛情中的兩性差異

接著來談談兩性愛情觀的差異，有句話是這麼說的，女人為了談戀愛而做愛，男人為了做愛而談戀愛，聽起來是句玩笑話，卻又非常的寫實。這句話的確有它的道理存在，更精細具體一點來講，是需求層次順序的問題，以下面金字塔圖型表示：

女生需求層次金字塔

對女人而言，純粹談情感面的戀愛是件比較基本、相對容易滿足的需求，而性愛則需要有情感面的支持，否則很難獨立存在。對女人而言，性愛不論是在生裡上，社會心理層面上要面對的成本、壓力都非常巨大，而談戀愛基本上不會有人會批評妳怎麼可以談戀愛呢？性愛可就不一樣了，不要說是約炮、從事過性工作，光是有過婚前性行為就可能受到嚴力的抨擊，貼上壞女人的標籤。**其實女人不是不享受性**

愛，而是目前現況讓她們很難享受性愛。男性同胞們請好好記住這點，如果你想在情感關係中擁有美好的性愛，一定要先把感情面的地基建立好，否則性愛層面不可能獨立懸空在那裡，有付出才會有回報，這是你該做好的基本功。

男生需求層次金字塔

　　反觀男人就非常有趣了，性愛對我們來說是比較低層次容易滿足的需求，首先在生理層面男生有更多的雄性賀爾蒙，難免更加衝動、性慾更強，而且目前社會對男生性慾方面沒有太多限制、批判，我們看A片、打手槍甚至是嫖妓，不但不太會受到責罵，甚至被當作理所當然。我們在性愛這個層面，幾乎是沒有任何成本的。再來一點是，我們男生的大腦真的先天在情感、人際關係覺察比較落後，自古以來男人大多都是負責外出補獵打仗等勞力工作，不需要太多深度人際溝通，這樣幾千年下來，我們腦中情感區塊依舊不太發達，要純粹靠精神層面因素讓男人有戀愛的感覺，是非常非常非常困難的，通常需要有親密肢體接觸或是性愛，才能讓男人有怦然心動、真正戀愛的感覺。講得更白話一點，**不論**

是好男人還是壞男人，**全都是用下半身思考的動物**（至少到男人三十歲前都是這樣，諸多研究都指出，男人再三十歲左右前性慾都大於女性，直到三十歲後生理狀態改變使性慾下降，此時男人的性慾才有可能低於女性，當然也有男人一輩子都只用下半身思考），**而好男人和壞男人唯一的差別是壞男人只會用下半身思考，好男人會上下半身同時思考。**

和上面一樣的道理，男人要談場戀愛，性愛層面需要有一定的基礎否則上層感情層面不會穩固，而最好的滿足方式當然就是和心愛的對像有美好的性生活。當這份慾望沒有被完全滿足時，就需要用其他方來代替滿足，可能是宗教信仰、嚴苛保守的傳統價值觀、他的左右手、嫖妓約炮、專心於工作或是熱忱於其他休閒活動。但不論如何，**慾望不會憑空消失**，男人就是這樣充滿性慾的生物，就算妳不認同、無法接受男人這樣子也沒關係，請各位女性讀者們只要記得有件事就好，一定要對男人有基本的戒心並保護好妳自己（詳細內容請參考女性危機處理）。

或許有人會覺得，男人這樣只想做愛或由性生愛、有目的性的和女生交往不是很糟糕嗎？當然性愛不是愛情的全部，女性也不需要為了談戀愛強迫自己做愛，而且為了性愛而欺騙他人感情是非常糟的事。我想強調的重點是，只要是男人，都會有性慾，這是非常正常的事，**重點是你能不能控制自己的慾望，尊重對方的自主權**，並用女生覺得舒服的方

式表達你的需求。再來一點是，**其實絕大多數人在追尋愛情時，都是抱有目的、預期的**，我們會因為孤單寂寞、想要有人陪有人取悅自己、想找個飯票、好奇戀愛的滋味、想要被愛讓自己更快樂進而去追逐愛情。而每個人都心中都會有個100分的男神、女神，愛情的發生，往往只是在生活中遇到一個超過60分的對象，因為你想談戀愛，進而跟他談戀愛，重點是你內在的慾望，並不是他有什麼獨一無二的特質吸引到你或是他多棒多適合你。因此，不論男女，抱有目的的去談戀愛是人之常情，不需要有太多罪惡感。

　　而最理想、最夢幻的愛情發生方式，則是一開始對這個人沒有什麼預期，直到他有意無意做了某件特別的事吸引、感動到你，是因為這個人帶來獨特的故事、感動，才讓你想跟這個人談戀愛。而這個特別的舉動，往往都是很小很簡單的事物，一句謝謝、你辛苦了，一杯熱咖啡、一張面紙，又或者只是一抹微笑，卻讓你怦然心動感受到愛、溫暖，勾起你談戀愛、想定下來的慾望。但這種情況很少出現，可遇不可求，多數人都是有預期有目的的去談戀愛，再後天磨合出最適合的相處方式，成為一對恩愛的情侶。我相信愛情是後天努力而來的，天生一對幾乎是不可能的事，因此不需強求最浪漫的邂逅，遇到覺得可以的對像就去試試看吧，畢竟愛情是靠後天學習、磨合而來的！

05 戀愛的開關

你曾可想過戀愛的源頭是什麼？為何有些人總是輕易吸引異性，而某些人卻像愛情絕緣體呢？這裡有一個很重要的觀念，那就是愛情的起點，也就是戀愛的開關。懂得去觸碰戀愛開關，就會變成情聖，不懂得觸碰戀愛的開關，恐怕就會變成可憐的工具人、便利貼女孩了。相信多數人都知道工具人的特質，沒有主見、對女生唯命是從，不斷付出卻沒有得到任何回報、只有有利用價值時才會被想起、不被尊重但又不敢發脾氣表達自己等等。工具人固然可憐，他的真心被當成垃圾般捨棄，但追根究底來講，女生也沒有做錯什麼，問題的源頭是來自男方身上，首先他根本不尊重自己，只想著討女孩開心，沒有自我想法、隨波逐流，顯得非常沒有吸引力。另外**真正的付出是給對方他想要的東西，而不是給你想給的東西**，一昧的單向付出，只會讓關係變得尷尬、讓對方覺得你莫名其妙，明明就對你沒意思還在那邊自作多情，沒罵你就算客氣的了，怎麼可能會感動？

為了避免工具人悲劇發生，一開始要先講一個非常重要，但也很多人搞錯的概念，那就是啟動愛情開關的要素，是感性面因素，絕對不是理性面。我們的傳統教育、文化告訴我們，要當個認真負責、謙虛有禮貌、有安全感的好人，

這些理性面的特質在長期關係中確實有加分，但是在還沒穩定交往前，感性面因素的力量絕對遠大於這些理性要素。好比說一個女生個性良好、勤儉持家、孝順父母、也很喜歡你對你很專情，但就是長得不是你的菜，你會想跟她談戀愛嗎？很現實的是多數人都不會答應，因為她無法吸引你讓你怦然心動，沒辦法讓你有戀愛的感覺。對男人而言感性面因素不外乎就是漂亮的外表，講件難聽的實話，一個女生只要長得很漂亮，就算個性很糟，也還是一定有人追（但如果你是聰明的男人，就要學著控制這種不理性的衝動），因為這個時間點感性面就是比理性面力量更強。那今天換成男生喜歡一個女生，但才剛認識就開始送早餐、上下班接送、隨call隨到超有安全感像個好老公，這種理性的優點並不會觸動女生戀愛的開關讓她有感覺。

你應該想辦法讓自己在女人眼中是有魅力的，利用感性因素去觸碰她戀愛的開關（請參考男性該有的氣度與魅力章節），至少等到曖昧後期，再慢慢花時間、資源在她身上，運用理性面因素慢慢給安她全感。而對女生而言，妳讓男生覺得妳是個優秀聰明的乖女孩，倒不如把自己打扮漂亮，和妳感興趣的對象開心約會，這樣吸引男生更有效率。我直接舉個例子更好理解，那就是為何很多女生會愛上渣男？女生會愛上渣男的原因很簡單，因為他們擅長表現感性面的魅力，讓他們「感覺」起來非常優秀出眾，所以很容易按到女生戀愛開關，就算女生有察覺到對方可能是個渣男，也還是

很容易被他的感性魅力迷惑，不理性的和渣男交往。最後再次提醒不論男生女生都一樣，沒有人在用理性談戀愛的，一開始都要使用感性力量，讓對方有感覺，有想談戀愛的慾望，等到真的在一起並穩定相處後，再展現傳統概念裡好人的行為表現，才能讓你的愛情之路走得更順遂。

05、戀愛的開關

渣男演化論

　　渣男，是每個女性都斥之以鼻的生物，恨不得他們消失在這個世界上，當然也有部分渣女的存在，但數量相對較少，本段為了敘述方便還是以渣男為主體做說明。不知道大家有沒有想過一個問題，渣男是如何出現在世界上的呢？他們是先天渣男，打從娘胎出生就註定好要到處亂交配的嗎？

　　我並不這麼認為，渣男應該是後天演化而成的，渣男其實曾經單純過，曾經洋洋傻傻地用最原始的方式追求自己心儀的女生，毫無節制地為她付出一切，最後卻也失去了一切。初戀對一個人愛情觀的影響是非常巨大的，當他的認真、努力化為泡影，甚至被否定，絕對是悲痛不已，很有可能因此心生怨念、誤入歧途。為了得到女人、得到愛情，開始嘗試各種方法、不同的行為模式，慢慢的發現特定方式可以吸引到女生目光，慢慢的也開始習慣身邊有一群女人陪伴，慢慢地開始和她們曖昧、交往、上床，他慢慢忘記最初追求愛情的純真，慢慢的成為眾人口中的渣男，但在很久很久以前，他卻是那個最單純、最真心的男孩，你的身邊是否也存在一個單純的男孩（女孩）呢？你會愛上心靈純粹但技巧拙劣的他（她）嗎？還是選擇散發致命魅力卻不再單純的他（她）呢？

很可笑吧，嘴上說喜歡認真、穩定、善良的人，但實際上我們很難愛上這樣的好人，畢竟比起風趣帶點調皮的壞男人，好人真的沒什麼吸引力。我們都曾單純過，都曾純純的喜歡著一個人，很本能的付出真心，想把最好的通通送給心愛的對象，而且我們的傳統教育告訴我們，愛一個人就是要對他好、對他真心。但現實是殘酷的，如果只會傻傻對別人好，**往往付出越多，失敗的機率越大**，你那份天真無邪想讓對方開心的心意，在我看來是非常珍貴的，但在你愛慕對象的眼裡，**只要她對你沒有感覺，你的付出就是一文不值的。**

人類是不擅長珍惜的生物，他不想要的，你給再多都沒用，你付出久了，他甚至會當作理所當然，畢竟你從沒讓他知道你的付出會對你的生活造成影響，一旦你停止付出，他還會反過來責怪你呢！既然你現在知道這個現象，**如果你有幸遇到樂於付出的對象時，一定要好好珍惜她，這樣原始、單純的人是無比珍貴的！**就算真的不喜歡她，也不要傷害她。讓自己的付出顯得有價值的道理不只適用在情場，親子、友情、職場也都通用，不要讓你的真心、你的付出感覺起來卑微毫無價值。當你覺得對方要求過多、讓你不開心的時候，請勇敢說出來吧，至少要讓他知道你不是心甘情願地在為他做這件事，否則，站在要求者的角度，你的付出感覺起來是天經地義的。

　　回到渣男演化歷程，男人這樣的演變是好是壞？站在女方的立場來講當然是壞事，站在男方的立場呢？當一個四處亂交配的渣男，跟當一個孤單老死的宅男，哪一個比較好？我不知道，這並不是在鼓勵渣男行為，**渣男行為本身就是錯的**，只是純粹站在男生的利益層面來看，對他個人而言或許是好的。人本能的會去追求屬於自己的幸福，對渣男而言，這可能就是他認知裡面，能追到的幸福吧。如果可以的話，我是說如果，有誰不想和心目中的完美情人幸福美滿直到白頭呢？但這個願望真的真的非常難實現，畢竟從來沒有教過我們如何和異性相處。

　　常常可以聽到女人抱怨說男人都不懂女人，這是真的，大部分的男人確實不懂女人，但如果你和女生相處的經驗夠多，你會發現**其實女人也不懂男人**，就算真的再一起了，女生也不見得真正了解男人，不見得知道如何讓男生開心、有戀愛的感覺。既然當個傳統好男人追女生辛苦無比，幸運追到了又不保證會有幸福快樂的日子，何必做這種吃力不討好的事呢？當個渣男至少曾經開心過，這個時候道德和慾望的鬥爭就展開了，或許渣男們就是最後敗給了私慾，開始過著放蕩的生活，反正至始至終都沒有一個真正理解他的靈魂伴侶存在，從頭到尾都是孤獨的，倒不如好好大玩一場，瀟灑一回。

　　我相信沒有渣男是天生的，他們都曾原始過，曾經是那

天真的小男孩，只是受到傷害過，可能是情傷，可能是原生家庭造成負面影響，他們是一連串錯誤人際互動下的產物。既然他們是人造產物，意味著有可能讓他們消失嗎？是的確實有可能，但非常困難，可以分成兩部分來看，首先是現成渣男，再來是有變成渣男可能性的潛在單純男。

1. **現成渣男**：遺憾的是現成渣男不太可能被消除掉，只能等他們自己壽終正寢，要成為渣男絕對不是一朝夕就能做到，男人先天在情感理解能力完敗女人，渣男絕對是經過大量後天學習而來的（同理好男人也是後天訓練學習而來的），他都已經花那麼多心力學習渣男技能，又成功運用這些技能交往過一堆女人，付出過努力又有成功經驗的加持，怎麼可能突然金盆洗手變成好男人？再者早期戀愛對我們的影響非常大，只要受過一次傷，就很難痊癒、再次相信感情了，要他們放開心胸真誠以待，恐怕很難。

   既然消除他們是不可能的事，就只能學著與他們共處了，大家必須有足夠的愛情相關知識，理性分辨眼前這個有魅力的人是不是渣男（當然這要仰賴情感教育的普及），再決定是否要遠離他，或是跟他玩玩就好，**最重要的是不要再有不知情的人受傷**，一份純真的心靈受到傷害，那瞬間的憤恨哀傷占據心頭，很有可能就此墮落，往負面的方向發展了。

2. **潛在渣男**：潛在渣男在目前這個時間點仍是好人，但如果放任他在情場上連續受挫，他會慢慢對感情失去信念演變成渣男，潛在渣男是愛情生態系裡最有機會被改善的部分，最好的辦法是推廣情感教育相關知識，讓大家都用正確的心態、技巧去追求異性，就算他們追求失敗，也不至於產生惡意去傷害他人。再來是被追求者的部分，遇到單純追求者時，請不要隨意傷害玩弄他們，用較恰當的方式拒絕他們（分手、拒絕相關技巧請參閱磨合期篇章）。渣男的誕生不見得全是男生的問題，女生愛情知識不足，用不洽當的方式拒絕，或女生太傻只會愛上渣男，都會讓單純的傻男人心生怨念，慢慢走向渣男之路。

一但產生一個新的渣男，對整個愛情生態系可是有著**蝴蝶效應般巨大的影響**！假設今天出現一個新的渣男，這個新渣男會去玩弄十個女生，這十個女生受傷後開始對感情有陰影，開始散播負能量給她們的姊妹，會有超過十個女生對愛情有所恐懼。這數十個女生帶著陰影踏入愛情時，很容易帶著偏見、過去的負面經驗傷害了追求她的男生，這時一口氣就多了數十個潛在渣男。只要當中有一半變成真正的渣男，上面可怕的輪迴將變本加厲無限循環，妳現在製造一個渣男，可能會在未來對妳造成傷害，也可能危害妳身邊的好友們，**我們無法消滅現成渣男，但可以防止潛在**

渣男變成真正渣男，要營造一個健全的愛情生態圈，不光是需要男人用心，女人也需要學習愛情知識，才有可能真正杜絕渣男渣女。就算在我們這代沒有健康的愛情生態圈，也為了我們的後代子女著想，千萬不要再製造渣男了，由衷期盼我們的子女都能單純的談戀愛，不需猜忌懷疑、辛苦學習各種技術了。

同理遇到渣女、壞女人時，也要勇敢表達出你的心聲，不要因為她是正妹就不敢得罪她，你如果退縮甚至順著她的意，她也不會因此愛上你，頂多把你當奴隸、工具人看待而已，因為傻傻聽從女生的命令根本就不是戀愛的節奏，你絕對得不到任何好處。另外她會學到她這樣的行為能夠從男生身上獲得好處，她恐怕會變本加厲再去殘害其他人，而且被男生阿諛奉承久了她會覺得男人對她好都是應該的，到時候養出公主病，等她遇到一個她真的很喜歡的男生時，她根本不知道如何正常跟他相處，對她也沒好處。

那遇到壞女人時到底該如何處理？當然不是瘋狂的謾罵或是在背後說她壞話，這樣會顯得很沒氣度對你的形象很不好，比較洽當的方式是這樣，就當著她的面告訴她我覺得妳很機掰，以後沒事不要再聯絡了，然後把她封鎖井水不犯河水。她想當爛人是她家的事，不要讓她影響到你的生活，顧好自己的情緒並提升自己的價值才是最重要的，如果每個男人都夠聰明用這種忽略的方式對付渣女，渣女有天會發現身

邊所有男人都不理她了，此時她才有可能改變，這樣對大家
都好。

07 古典戀愛模式

說到「情侶」一詞你的腦中第一個浮現的畫面是什麼？一個高壯、自信、強勢、有魅力的男人，領著一個嬌柔撫媚的美麗女人，她幸福安穩地依偎在男人身上，因為她知道就算天塌下來，這個男人也會替她扛，男人也把這個女孩視為珍寶，盡全力保護著她、寵愛她，把自己最好的東西送給她。相信多數人都是出現相似的畫面，不管現實還是電影，出現的神仙情侶都是類似的相處模式，這不是沒有原因的，自古以來男人就是喜歡溫柔美麗、貼心有女人味的女生，而女人會愛上有權勢、有才華、掌握資源的男人，這就是所謂的古典戀愛模式。

用個簡單點的方式形容，男人就好像一棟堅固的房子，不論受到什麼樣的風吹雨打，都會堅挺在那裡，保護著屋內的人讓他們安全的住在裡面，女人就好比房客，打理著屋內的一切，這大房子裡面是富麗堂皇，又或者是虛有其表的豬窩，就是由女人決定了，只有女人的溫柔細膩才有辦法處理好內部問題，男人主要給予物質上的供給，女人主要提供心靈上的支持，是最有效率、雙贏的美好局面。

　　古典戀愛模式是個非常重要的觀念，或許乍聽起來很父權，而且近年來女性主義、兩性平等的觀念興起，這個概念似乎和他們背道而馳。在職場、家庭中要兩性平等是合理的，但在愛情這件感性的事情中，絕對的平等是非常困難且不切實際的，男生本來就不等於女生，有不同的心理特質和心理需求，人類幾千年來都是照古典戀愛模式談戀愛的，不可能說變就變，最多就是做點微調。情侶相處一旦偏離這個模式，**非常容易出問題、沒有戀愛的感覺**，它就像一個劇本一樣，雙方有各自的角色需要扮演，扮演好自己的角色，相互合作配合才會讓對方在愛情裡比較舒服、有感覺。

　　畢竟愛情是兩個人的事，所以不論男生女生都盡可能的照著這個模式走，當然也不是強迫你一定要當大男人與小女人，這僅僅是一個建議而已，如果這個模式真的和你的性格、想法不合，又或是對方根本沒扮演好他的角色，你也不需拘泥於這個相處模式了。

08 愛情裡的囚犯困境

愛情是兩個人的事，就像一支雙人舞蹈，只要一個人不會跳或故意擺爛，另一方不論多厲害多有經驗多完美多努力都沒用，唯有兩人互相配合才能有最好的結果，這和賽局理論中一個經典問題「囚犯困境」其實有很多相似之處，這個例子相信能讓大家更了解互相配合的概念。

兩個犯人被抓了分開審問，兩人各自能決定自己要認罪或否認，但無法得知對方怎麼選，產生的結果如下表，可以看到兩人都傻傻認罪都得判十年之久，一方背叛的話認罪方得以減刑，另一方不認罪加重懲處，而最整體而言最佳的選擇應該是雙方互相信任，法官無法定罪都只受一年刑罰了事，背叛對方其實整體風險更高，道理其實非常簡單相信大家聽過就懂。

	A認罪	A否認
B認罪	A、B各關10年	A關20年、B關半年
B否認	A關半年、B關20年	A、B各關1年

現在把表格調整一下變成男生女生，選擇變成真心付出在意對方感受和隨便玩玩只顧自己，如下表，完全是一樣的道理，最佳選擇就是雙方都真心付出、為對方著想才能幸福美滿，但現實是這樣的嗎？好像不是吧？

	男生隨便玩玩	男生信任在乎對方感受並認真付出
女生隨便玩玩	好聚好散	男生很悲劇，女生很開心
女生在乎對方感受並認真付出	男生很開心，女生很悲劇	幸福美滿

愛情之所以困難，是因為兩個截然不同的生物必需在一起生活，一來我們天生就不懂異性，也沒受過相關教育，再來就是人與人間信任感與得失心的問題了，我這樣認真付出他會感受到嗎？他會不會背叛我呢？**因為在乎他，所以害怕失去他，是非常正常的事。**

不過一但你開始猜忌懷疑，你就是先丟出負面能量的人（相關概念請參閱磨合期人際關係中的負能量球章節），這段關係已經往不好的方向走了，如果你真的想要一段長期穩定的關係，**請選擇相信對方、多站在對方的立場思考**，否則不可能走到美好結局。但或許你會想，我傻傻付出，有可能會受傷，這樣值得嗎？我的觀念是這樣的，愛情這回事，用值不值得的思維來想，最後得到的答案一定是不值得，應該

換個方式想，你「願不願意」這樣做、不做你「會不會有遺憾」，不論男女人在進入戀愛狀態時智商都會降低一半，有時候明明知道會失敗、不值得，但還是會去做，一個願打一個願挨，何嘗不可？就算結果真的不如意，只要你盡自己的能力做到最好，這寶貴的經驗、歷程絕對會讓你有所成長，未來想到這段往事或許還會會心一笑，而不是留下一個空洞、永遠的遺憾。

當然，只會一股腦傻傻付出一切也是不行的，不論男生女生，都**不建議愛對方超過愛自己**，這樣的人往往會失去自我，過度的為對方付出，很容易讓自己的用心顯得沒有價值、沒有個人魅力。人性真的非常有趣，**人最想要的，都不會是可以得到的東西，而是他得不到的或回不去的**，當你給予對方百分之百的安全感，他很本能地會把你當囊中物，自然會開始不珍惜你（既然知道這個特性，請逆向思考去刻意珍惜、善待那些樂於付出的人）。因此，如何掌握適當的力道，能對伴侶好、為她付出給予陪伴，又不會影響到自己生活品質、保有自我，是每個人都會碰到的問題。

08、愛情裡的囚犯困境

Chapter 2

第二章
男人的愛情五階段

01 曖昧前期

　　愛情的初始階段為曖昧期，可再細分為曖昧前期和後期。先談談曖昧前期，又稱作準備期，曖昧前期最一開始時你可能有個特定想追求的對象，也可能沒有特定目標但很想談場戀愛，但這對男性而言沒有太大的影響，因為不管有沒有特定目標，你所需要做的事情基本上是雷同的。

　　此階段最大的重點培養個人魅力，進而去吸引異性，我們先來思考一個問題，假如你今天喜歡上一個女生，是為什麼呢？你可能會回答因為她很漂亮、很溫柔、很賢慧等等，用來形容她很有魅力的詞彙。那今天反過來，一個女生會喜歡上你，是為什麼呢？想必是因為你身上有著對女生很有吸引力的特質吧，比起盲目的追女生求她跟你在一起，搞懂到底什麼特質能夠吸引女生，自己是否擁有這些特質更為重要，**因為沒有人會愛上沒有魅力的人的**。所以把自己變成一個有魅力的人是你該做的基本功，基本功練好之後才會有談戀愛的本錢，**基本功沒做好你連談戀愛的資格都沒有**，這是一種自我要求的概念，先付出才有回報，這也是世界運作的常理。

　　因此該階段最重要的是培養自身魅力，增加和異性相處

的經驗值，讓自己最自然的狀態在異性眼中是有吸引力的，甚至不需要主動出擊還有可能被倒追呢。男性在魅力培養和吸引方面的技法不論國內外都已經有現成的資源了，而且技法會隨時代、文化不同有所改變，是一輩子都學不完的，因此本書不會花太多篇幅描寫技法部分。本章節對於魅力培養部分以心法、觀念為重來做說明，心法就和技法不同了，觀念性的東西會是通用的，就算是不同的愛情教練，也會得到相似的答案，所以務必把本書的觀念全部搞懂，不管你走到哪，都保證受用。如果想要了解更多具體的行為技術，台灣的話我會推薦約會診療室的相關影片以及產品，他們在台灣已經成立十餘年有豐富的教學經驗，絕對可以從他們那學到許多實用的技巧，而其他國家教材因有文化差異請自行斟酌參考。

曖昧前期最重要的就是**魅力吸引**，過於主動追求異性反而效果不佳，而對男生而言最棒的狀況是女生主動對你有興趣自己來追求你，但難度相對較高你必須有非常強的個人魅力。其次是兩人互相有興趣相互想認識對方，以平等地位的朋友關係開始相處，這也很好。而最糟糕的情況是男生很主動的去追女生，但這也是最常見的情況，處於這種狀態下基本上只能看女生的臉色了，她開心就跟你再一起，不開心你就滾蛋，再更慘一點把你當工具人使喚，另外漂亮女生一定有很多追求者，你的競爭對手多的可怕，想要在眾多追求者的老鼠圈中脫穎而出絕對是件難事。

　　另外有個很重要的觀念，此階段中你跟女生的關係說到底還只是朋友罷了，只是朋友的話就不該有太多甜言蜜語、溫馨接送這種情人間才會做的事，男生常常搞不清楚自己與他人間的關係到底是怎樣，進而做出不符合這段關係的行為，就會讓女生覺得很奇怪、唐突，所以請男生一定要熟讀本教材，搞清楚現在和女生關係在什麼階段，並做出此階段該做的行為。

　　接著來講講實務操作，處於這個階段的男性，第一步我會強烈建議廣泛交友，注意不是廣泛交往或亂槍打鳥，如果你一看到正妹就馬上瘋狂黏上去，只會凸顯自己是個很沒地位、需求感很重的人，這絕對不是一個有魅力的男人會做的事。亂槍打鳥的心態會有目的性，心想我就是要這個妹當我女朋友、就是要上到她，如此一來會給人感到強烈壓迫感，因為你期望從他人身上得到某些東西，會給人一種不真誠、目的性很強的感受，不要說情人了，連朋友都不想跟你當了！而廣泛交友的意思是，在社交場合中不論男女老少，不論正妹還是龍妹，都統一用交朋友、**無目性的心態**，都對他們釋出善意，單純享受這個與人相處的時間，去結識新朋友，散發個人魅力讓大家認識你，要把重點放在這個**過程**中你所學習到的經驗、技巧，而非**結果**，等你經驗累積足夠個人魅力提升之後，想交個女友絕對不是難事。

　　另外在社交場合中本來就不適合一對一積極進攻，因為

在人多的情況下一但你刻意黏著某個女生，在眾人眼裡你的意圖會顯得非常明顯，這個女生也會因此感到尷尬。因此在公眾場合中最重要的是多認識不同的人，盡可能讓你的準交往對象名單添加更多的人，就算在人群中有個你特別中意的目標，也要和每個人都有互動到、對大家都好，讓她對你有所印象就可以了，等到私底下約出來再做積極進攻較洽當，而且在大團體中可以訓練自己人際互動說話的技巧，增加與人相處的經驗值，這也是魅力男人必修技能之一。

第二個原因是，**在群體中與他人互動融洽的男人，在女人眼中特別有魅力**，曾有心理學家做過實驗，同一個男生的照片，一張是他個人的照片，另一張是他和朋友們一起拍的照片，多數女生會覺得在人群中的那張照片比較有魅力。原因就要談到演化心理學了，古代生存條件較嚴苛，女生懷孕後最安全的生存方式就是讓其他人來保護、照顧她。那什麼樣的男人有這樣的資源、人力呢？當然是有錢、有權勢的男人，這樣的男人必有個共通點，掌握許多人力資源，他們會常和他人互動，且在人群之中是處於高地位、有領導能力的，久而久之，女人自然容易愛上有這樣特質的男人，因為有利於她們和自己小孩的生存，若和一個窮光蛋或離群索居的人再一起，一旦碰上危險，能夠保護女人和小孩的人力資源自然就少。這個狀況即使到現代仍然一樣，在團體中能夠和大家打成一片，對每個人都很友好、具領導能力、優秀特質的男生總是能夠吸引到女性的目光，如果能讓團體中的

人都對你有好的風評，對於往後的搭訕攀談、邀約都大有幫助，甚至會讓女生主動想去認識你呢！

第三個原因是多認識女生能夠幫助你更加了解自己所喜歡的對象是什麼類型，談戀愛是需要經驗累積的，真正相處後才知道哪個類型的女生真正適合你。如果你能很具體知道你要的女生有什麼特質，在尋找另一半絕對比無頭蒼蠅見一個試一個來的更有效率，也不易被當成渣男。如果還不知道你要的是怎樣的女生，至少要知道哪些特質是你絕對不接受的，比如抽菸、討厭貓狗等等，以後遇到有這樣特質的女生就可以很果斷不花時間在她們身上了。

另外當你女生朋友數量夠多時，會發現有些女生跟你沒有愛情的火花，但卻異常聊得來，就跟她當紅粉知己吧！未來你跟你女友吵架時，她多少能幫到你，你可以找她吐苦水、發洩情緒而非直接和女友吵架，也可以聽聽她的意見，畢竟她站在女生的立場看事情，或許能看到你沒發現的盲點，又或者未來非愛情關係的忙她能幫上，如職場工作等等，但相對的她今天遇到感情狀況或需要幫助，你也是要適度的去幫助她，聽她吐苦水、適度給點意見，兩人是平等的朋友關係才能維持長久友情。另外只要操作得當，有異性好友會讓你在其他女生眼中顯得更搶手、更有魅力，這道理和正妹總是一堆人追一樣，有魅力的男人也是一堆女生搶著要。你只是和紅粉知己吃個飯，不知情的女生可能以為你們

在曖昧，那自己在不積極進攻好男人可要被搶走了呢！簡而言之，多認識女生對你絕對是有好處的。

第四個原因是多認識女生朋友對你的心理狀態調適比較好，如果你只認識一個女生並打算追求她，你的情緒很容易就受到她的影響，得失心會非常重。她今天對你已讀不回、拒絕你的邀約，你的心情一定掉到谷底，想說天啊完蛋了我做錯了什麼？她是真的很忙還是討厭我？我是不是很糟糕、很沒有魅力才會這樣？我們男生也是有自卑心理的非常正常。只鎖定單一女生追求的情況，失敗率往往非常高，因為你的情緒很容易大起大落，一旦慌張就無法理性思考而做出錯誤的決定，把這段關係搞砸，而且女生談戀愛成本高加上文化因素，就算女生對你有意思也不太可能立馬跟你交往，又或是她真的很忙，時間一拉長你又飢渴難耐，一樣容易犯錯。但如果今天你認識十個女生，最喜歡的那個不理你，你可以想說好吧她可能再忙，那我找二號對象跟我聊天、出去玩，再不行就三號四號……，只要你認識的女生數量夠多，一定會有人願意跟你聊天、約會，這樣你的情緒才不會過度低落，被一個女生掌控了你的思緒，掉入負面情緒的低谷。

或許有些人看到這會覺得這不是渣男的行為嗎？我們不是應該要專情嗎？沒錯，專情確實是長期關係中很重要的事，但在她成為你的女友之前，就乖乖不和其他女生相處互動，**那不是專情，是癡情，是白癡的癡**，她又不是你的女

友，你對她沒有任何義務，你有權利去認識其他異性。再者，就算你真的完全不和其他女生相處並盡全力追求她，她就有義務一定要接受你的追求嗎？當然不會阿，她仍然有選擇的權利，相對的你也是一樣有選擇的權利，那為什麼要做非她不可的這種蠢事呢？你的生命並不是為她而生的，**如果連你自己都不尊重你自己，不要渴望別人會尊重你**，站在那個女生的角度來看，也會覺得你很奇怪，明明對你沒意思還老是黏著我，她恐怕只會瞧不起你而已。所以情場初學者最重要的是培養自身魅力，多認識各式各樣的人，等到自身魅力足夠並出現互相來電的對象時，在開始把時間多花在這個對象上，等到她真正變成你的女友時，在開始和其他女生保持適當距離來避嫌，給她安全感。

在曖昧期前期有個非常重要的心態（其實這種態度在愛情其他階段、甚至人生中碰到的各種情境也適用），當你經歷過挫敗後，一定要回頭檢視剛剛那段互動、談話你哪裡做得不夠好或有改善空間。當然有時候問題不是出在你身上，可能是你運氣真的很差、遇到不合適的對象，你真的無能為力，但如果問題是出在你身上呢？**你不改變，同樣的悲劇只會重複上演**，因此切忌在每次的不順利後，回想剛剛如果我是這樣說話，會不會創造更多聊天話題的空間甚至創造曖昧，或是有漏接她發的球而失去良好的互動機會，用這樣自我檢討、自我要求的心態才能有效率的持續進步。

如果遇到感興趣的目標不是我們平常生活圈的人時，該怎麼做呢？就只有搭訕這條路了，特別是路上巧遇的對象，你不主動攀談留下聯絡方式，基本上她就是消失在你的生命之中了。首先談談搭訕該用什麼樣的心態，如果你是一個很愛貓狗的人，相信你走在路上看見別人家的寵物或流浪貓狗，都會不由自主的想過去跟牠玩吧，但如果牠的反應很兇惡，合理的反應就是默默走開吧，畢竟你也不想受傷，再說牠本來就不屬於你，就算牠開心在路上跟你玩，你也不能隨便把牠抱回家。

　　而在街上搭訕女生也要用這種心態，如果聊的順利留下聯絡方式後就差不多可以結束互動，你也不能馬上帶她回家，她如果拒絕也不用太失望，畢竟她本來跟你就是陌生人，就轉身離開吧，反正以後路上還會遇到其她女生。至於技術層面其實並不複雜，第一步當然就是接近目標，但是不要從她的正後方過去，很容易嚇到人，從側邊接近比較洽當，並且嚴記**街搭不要有肢體接觸**，交談時兩人也要保留一定距離，要比和熟人聊天時有更大的間隔，大概整隻手臂左右的距離甚至更遠，畢竟你們還是陌生人，女生自然會擔心你是不是變態怪人。談話內容簡單扼要就好，且語速要緩慢沉穩，甚至有點小結巴表示緊張，太流利快速會給人一種玩咖、膚淺的感覺。

　　一個簡單萬用的開場白如下：「小姐你好，剛好在那邊看到妳，覺得妳有XXX的魅力特質，非常吸引我的目光，所以想過來認識妳，方便留個連絡方式嗎？」XXX部分就照情況填字，可以是很簡單的漂亮、氣質，但最好是提起她擁有的內在特質，並去猜她的嗜好、職業、個性等等來製造話題，猜的準不準倒是其次，如果只是單純說她外表漂亮很容易被當成膚淺的爛人（儘管事實上你是被她的外表吸引，但此時不需要那麼誠實），如她穿著打扮看起來是運動型女孩，可以說她穿衣風格很陽光健康，猜她是勤勞愛運動陽光女孩，我剛好也熱愛運動，或許之後有機會可以一起運動健身等等。只要前面操作得當，通常女生都會露出害羞的笑容，此時給她們一點時間思考到底要不要留聯絡方式，如果最後決定不要也千萬不要勉強人家。

■男人應有的氣度和魅力

　　接著聊聊什麼樣的男人在女人眼中是有魅力的，相信多數人都看過海賊王吧，對主角魯夫肯定不陌生，你曾想過他為什麼如此有魅力，讓大家十餘年來仍記得他嗎？魯夫雖然平常少根筋，我行我素還不太聽人家講話，但他其實是一個暖男！怎麼說呢？請你回想看看，你的腦海中有過魯夫責罵、批評同伴的畫面嗎？沒有吧，不管他們各自有古怪個性、癖好，有自己的人生目標，魯夫都不加以干涉評論，用包容的方式接納他們，就算是同伴一聲不響莫名地離開、背叛他，依舊沒有任何的責罵，他反而會奮不顧身的追上前去，問他說：「你到底惹到誰啦！我幫你揍飛他！」而且有趣的是，魯夫不是沒有情緒，他遇到這種事也會鬧脾氣擺臭臉出來，**但他就是不會對同伴說出難聽重傷人的話**，甚至面對敵人時，也會考量到對方性格給與最基本的尊重，這是何等的胸襟啊！魯夫並不是智障，他有著異於常人的情緒控制能力，這也是所有男人該學習的氣度。

　　先來細說「氣度」的概念，面對自己的情人時，試著像魯夫一樣包容她的全部吧！每個人都是不同的個體，她總會有些部分你特別無法接受（你在她眼裡也是如此），但這些點真的會嚴重影響到你的生活、你的生命嗎？如果不會的話就多點包容尊重吧，**可以不開心、可以不認同但就是不要責罵女生**，因為「罵女生根本沒有半點用處」，就算你是對

的，罵的都有道理，她會因此改變嗎？恐怕不會，戀愛中的女人可是感性無比，感覺情緒永遠擺第一，就算吵贏讓她當下認錯，她的情緒肯定其差無比，之後所有雞毛蒜皮的事都可以故意拿出來吵，讓你以為她在氣帳面上的小事，其實她真正不開心的點是許久前你讓她不愉快，這樣你還會有好日子過嗎？簡而言之當女生讓你不開心時，你只需要想兩件事，一是你還要不要跟她維持情人關係，不要的話你想跟她吵就吵吧。還要的話再想第二個問題，她的這些行為真的讓你完全無法忍受、嚴重影響生活嗎？會的話代表你們可能不適合，該換對象了，不會的話，就請不要動怒，用幽默開玩笑的方式帶過轉移話題，或好好溝通慢慢讓她改變，千萬不要用傳統理性思維分析誰對誰錯，那是沒有用的！

另外請包容女生的過去，就算她以前做過很多蠢事、交過很多男朋友，只要你還有打算跟她繼續交往，以前的事就當作沒發生過吧！而且千萬不要貶低女生的身體，罵了也不會有任何改變，還會造成一連串負向蝴蝶效應，沒有人會因此得到好處。再來你喜歡這個女生，愛的是現在的她而不是過去的她吧，沒有那些過去，也不會有現在的她，你去追究她的過去毫無道理啊，重點是現在以及你們的未來，就算她的過去不光彩讓你擔心，也請給於信任，否則你先丟出負面能量只會讓感情出問題的機率增加罷了。

再來談談什麼樣的行為特質會讓女生覺得有魅力，首先

你要了解異性相吸的道理，異性那種和自己截然不同的特質是吸引對方的關鍵，因此具備男性獨有特質非常重要。以下舉例一些例子說明，而且你會發現件有趣的事，這些特質和各章節的論述是環環相扣有所關聯的。具備這些行為特質才會讓女人有安全感，就像一個強而有力的肩膀隨時可以給她依靠，像一棟穩固的大房子給她個避風港，女生才可能把她的生命託付給你。

自信果斷：

這是很典型的男性特質，女生通常比較優柔寡斷、對自己比較沒信心，如果你的行為特質表現跟她們太像，就沒有Man的感覺了。所以和女生相處時要去占據主導權，要去哪玩、吃什麼東西、做各種選擇時你都要快速果斷地說出自己的想法，如「我想去……走走，聽說那裡很不錯，妳ok嗎？」這時女生通常都會答應，因為果斷有決策力的男性特質非常容易吸引到她們，除非你的意見她真的完全不能接受，她也會主動開口的，此時再好好跟她溝通討論提出新的意見想法。切記你只是有主導權而已不是決定權，霸道無法溝通的人絕對不會被人喜歡的，簡而言之，和女生相處時應強勢而不強迫，霸氣而不霸道。

適當的個人主義與侵略性：

男人的心思通常沒女人細膩，做行動決策時比較少考量到他人想法感受，以自我為中心，取而代之的是快速有執行

力，凸顯出個人的想法。適當的個人、英雄主義會讓你感覺起來更有男人味（但不要變成獨裁不聽人說話固執的人）。再來是主動性和侵略性，男生應該要主動一點是對的，比如說在使用肢體曖昧技巧時就直接行動（具體技巧請參考肢體曖昧和語言曖昧章節），不要還問她我可以碰妳嗎這類的話，問了就等於把決定權給她，她就是高地位者，這對你而言非常不好。曖昧程度很深甚至可以在適當場合，直接抱住她或親吻她，甚至往私密部位進攻，表現出侵略性讓她知道你對她的身體是有渴望的，只要你操作得當而且她是喜歡你的，如此刺激有侵略性的行為絕對會讓她臉紅心跳。

生活有所追求的目標、有方向感有熱情：

　　這裡的方向感不是指不會迷路的那種方向感，而是知道自己該做什麼、想追求什麼，對自己的生活有所規劃，好比說這陣子的目標是努力工作存錢買車、把體能練好要去騎車環島等等，一定要對自己的嗜好或事業有熱情、有計畫，如果對自己的未來一頭霧水毫無計畫，整天只會和她黏在一起，會讓女生非常非常沒有安全感，跟你再一起好像沒有未來一樣。至於這些規劃是不是真的很了不起並不是很重要，只要這個目標是你真正喜歡、有熱情的，並且願意實際付出行動去執行它，至於最後結果有沒有成功、做的好不好倒是其次，你堅定地朝自己的目標前進、認真做事的樣子就很有魅力了，重點是不要像個無頭蒼蠅不知道自己要做什麼，讓女生看了直搖頭。

對工作、事業有熱忱，有地位有影響力：

　　這邊指的事業地位不是一定要你年薪百萬、管理一間大公司這種程度，是要你對工作態度認真負責，至少能自主生活不拖累他人，就算你真的不愛你的工作，也要盡量讓女生感到你很重視這份工作。講現實一點，目前社會粗略對男人價值的判斷，幾乎就是看工作和薪水，如果工作態度不佳會給人不穩定、隨時要餓肚子的感覺，女生就算喜歡你也不會跟你在一起。至於對事物有所專精有熱情不一定是指工作，你平常的嗜好休閒活動也可以，不一定要非常厲害多有深度，你的嗜好她不見得真的感興趣，更不用說聽懂內容了。也不需要到達人專家的程度，只要你有自信可以說出點什麼，比外行人多懂一點點東西就夠了，重要的是你那附有自信侃侃而談的樣子，會讓女生覺得很有魅力這才是重點。再者有熱衷的事物也可以讓你對她的需求感沒那重，才不會給她一種她就是你的全世界的感覺，這種狀態在熱戀期還無傷大雅，一旦熱戀期過去，會讓女生覺得你是個沒有事業心沒有想法的男人嫌棄你，到時候可是會欲哭無淚的。

■和女生的聊天技巧

　　女人是天生的語言動物，在語言溝通和情緒偵查的能力上先天輾壓過男性，從古代開始男生多從事捕獵等戶外工作，工作性質大多耗費體力，而女生則留在村落負責家務，有很大的機會和街訪鄰居互動，自然會有較好的語言、人際關係覺察能力。如果沒和村落裡的人打好關係，哪天有什麼好康，哪裡食物再特價、哪邊獵物比較多都不通知妳，可是會直接影響到生存。大家都知道女生是非常愛聊天的生物，偏偏這就不是男人擅長做的事，因此我們需要花費更多的心力來學習怎樣和女生聊天，才能讓她們感到愉快，甚至有戀愛的感覺。

　　首先心態上一定要放下你平常的理性、有邏輯的思維模式，女生聊天就是輕鬆開心，不是在講道理、追求什麼正確答案，**也不要聊會讓女生不開心、她沒興趣的事，就算你是對的也先一樣不要講，談戀愛最重要的是感覺，不是事實，真的想講也是等到磨合期把話包裝過後慢慢地講。**如果這個時間你去跟女生理性溝通講大道理，那就是你的錯了，她會立馬對你失去興趣，正確的方法是發揮想像力去聊開心有趣、輕鬆愉快休閒的事，盡量不要聊到工作、政治這種比較嚴肅正經的話題，就算聊到了也請盡量幽默化，並多加配合影像思考的方式，盡量讓你說出來的故事容易用影像的方式呈現在聽眾腦海裡，更有身歷其境的感覺，以下舉幾個簡單

的方法能讓說話聊天變得更風趣。

1. **調侃法**：用幽默的方式去戲弄、開女生玩笑，道理很簡單，我們只會跟自己親近的好友開玩笑、講祕密，而不是跟巷口早餐店老闆娘，能跟女生輕鬆打鬧開玩笑能無形之間拉近你們的距離。但不是平常跟好兄弟們胡亂嗆聲髒話滿天飛的那種，力道拿捏非常重要，而一個好的調侃會同時包含讚美和貶低兩部分，這樣會讓女生覺得你欠揍但又揍不下去，會有非常好的娛樂效果。如女生出門忘了帶錢包，你可以說至少有帶妳那顆聰明的腦袋出門就好了。另外還有一個很萬用的方式，就是在誇獎女生之後，補一句「看不出來耶」，比如說原來你這麼會做菜，看不出來耶、原來你這麼聰明，看不出來耶！這樣就一定會包含讚美和調侃了。

2. **曲解法**：用幽默的方式扭曲對方的意思，這招對心理暗示有非常好的效果，如女生聊到她最近變胖了，我說看不出來啊，她回答胖在你看不到的地方，我就回答那妳千萬不要給我看，講的好像她原本要給我看似的。還有一次我在忙事情，一個在身旁的女生朋友說「我這樣會礙著你嗎？」，我搭配文字遊戲法回答「妳千萬不要『愛』我」，兩人當場哄堂大笑，這種說話方式暗喻了她會愛上我，我還處在高地位拒絕了

她呢！

3. **誇飾法**：顧名思義把很簡單無趣的答案用荒謬的答案說出來，如猜女生年紀，可以回答87歲。有次我和朋友去搭大樓的快速電梯，朋友說這邊電梯很快就到頂樓了，我回答「是兩秒就到了嗎？」這種荒謬的答案，再配合影像思考繼續說「這麼快的話整台電梯應該會載著我們飛上天喔！」飛上天的畫面出現之後就可以自行腦補各種故事發生了，原本擠在電梯裡的無聊時間就不再枯燥了。

4. **文字遊戲法**：故意挑對方語病，用調侃、有趣的方式回答對方，一個我親身經歷過的例子，一個女生朋友想找我做測驗，她想知道我以前有沒有做過這個測驗，她就說「你以前有被做過嗎？」我故意笑著回答「被做過什麼妳講清楚喔！」她覺得又好笑又尷尬，這個例子不但用文字遊戲法幽默氣氛，還順理成章談到性話題，相當不錯。

5. **擬人法**：把非人的物體比喻成人，配合影像思考特別好用，有次我在公園水池邊遇到一隻很大的烏龜，在路中央爬大家都在看牠，但牠一直往水池反方向爬，還有好心路人好心幫牠轉向，但牠還是堅持己見轉回來往反方向爬，我就說「他應該是想去找他女朋友

吧」眾人就笑出來了，想到兩隻烏龜在那邊約會的畫面，一定非常有趣。

6. **保留法**：想告訴對方某件事，但又故意不說，這招在通訊軟體上對你愛理不理的女生特別好用，例如：我原本想跟妳說一件有趣的事、要送妳一個小禮物等等，但看妳好像滿忙的，等妳之後有空在跟妳講、在拿給妳，留下一個未知的訊息勾起女生的好奇心，並且埋下下次邀約的種子。也可以依照情況改說成自己有重要事，下次再給妳講某件事、給妳某個東西，至於是什麼有趣的事、什麼小禮物，就趁這段時間趕快生出來吧！這招連話題乾掉想逃離現場也很有用呢！

7. **綽號法**：幫女生取有趣的小綽號，且最好是只有你會這樣稱呼她，如此一來這個綽號會變成兩人間小祕密的感覺，是你們倆獨有的回憶。且每當她聽到這個綽號，腦中神經迴路唯一聯想到的就是你，是一個特別的存在，當你在她腦袋中頻繁出現時，離成功也不遠了，當然這個綽號一定要是女生能接受的，取得不好絕對是倒扣分的。

當然聊天技術還有更多的方法在，隨著時代、情境、對象不同也要有所調整、改變，技法是一輩子也學不完的，然而有一個觀念是永恆不變的，跟女生聊天，最好的情況就

是女生對你有興趣，主動開話題跟你聊天，此時你只要順著她的話題，搭配幽默、調侃的元素在裡面就會是場成功的對話。男生的語言能力終究是輸女生的，能讓女生主動開口想話題是最好的辦法，再厲害的聊天高手都有詞窮的一天。次之的狀況是女生原本沒什麼意願和你聊天，但你開啟了一個有趣或她有興趣的話題後，開始跟你聊起來，這樣也很好。最壞的狀況是她對你沒興趣，你不斷地開話題但她都不感興趣，這種情況下基本上是沒救了，趕快找個理由離開吧，否則講越久這個女生只會對你留下更多負面印象。

最後來談一下如何誇獎女生以及如何語言曖昧，首先絕對不要為了討好女生、為了誇獎而誇獎她，尤其是剛認識對方不久，絕對不要立馬讚賞對方，應該多使用有趣的聊天方式、開她玩笑拉近距離。雖然女生都喜歡聽甜言蜜語沒有錯，但在還不夠熟或她對你沒興趣時，這種行為只會讓女生覺得你是想靠這種方式讓她施捨東西給你、低下沒地位的人，要等她做了某件事、或真的打扮得很漂亮，再來真心的誇獎她。

也不需要詞藻華麗的用詞，用最簡單直白的用語就可以了，如妳這樣穿搭很好看、我覺得妳剛剛那樣很溫柔、妳今天非常有魅力等等，重點是表達那份欣賞她的心意就好，過度浮誇反而會讓人家覺得很假、很油。另外重要的是在誇獎完後，就趕快切換話題了，不要停在那裡期待女生給你什麼

回饋，會讓女生感到有壓力且尷尬，除非她也誇獎你回來，這是非常好的訊號，可以繼續言語曖昧甚至肢體曖昧，不然多數情況是誇獎完後女生會害羞的笑一笑，然後你就趕快轉換成中性話題或去做其他事情了。

而語言曖昧則是誇獎的進階版，在誇獎玩女生之後再加上「妳這樣很有魅力、很有女人味、很吸引我、不要再這樣做了不然我會失控」等等這類用詞，透漏你喜歡她的訊息，但又不是直接的告白，這樣曖昧可攻可守，女生不接球就快速換話題了。最後隨著認識這個女生越久、曖昧程度越高，甚至最後她變成你的情人，再把誇獎、甜言蜜語的聊天量增加，幽默調侃的部分慢慢減少，但也不能完全沒有幽默調侃的部分，重點是不同時期說話內容的比例分配問題，不熟就多開玩笑展現幽默拉近距離，熟了後就多說好話讓她心花怒放、曖昧增溫，正確比例的拿捏會因人而不同，只能靠實戰經驗累積了請多加練習。

02　曖昧後期

　　如果在曖昧前期的個人魅力培養和廣泛交友都有扎實練習並用於生活中，現在應該會有少數幾個對像跟你相處的特別好、很樂意跟你聊天，也非常容易單獨邀約出來。此時就可以暫緩廣泛交友模式（但也不是完全不去認識其他人），多花點時間在這少數人身上，由追求數量改為追求質量，多跟她們曖昧約會深交，讓她知道你有重視她，有花心思在她身上，有意更近一步相處（但不是叫你告白），要是這個時候還是一直廣泛交友模式，女生會覺得你對她沒意思或是對你沒有安全感，而且你從原本愛交朋友愛玩樂的形象，為了她願意慢慢改變和她定下來，在女生眼裡看了是會非常開心的。

■曖昧的重要性

面對愛情時，男人與女人的心理狀態是完全不同的，男生會希望盡快有個具體、明確的結果，然而女生則是完全相反。女生享受被男生追求過程中的曖昧、不確定性的刺激感，在女生的世界裡，她不懂、有神祕感的事物有著絕對的吸引力，明確而具體的東西反而覺得無聊，就像已經知道結局的電影，自然輸給沒看過不知道結局的電影。對女人而言，曖昧絕對是談戀愛的前哨站，男人必須在這個過程中讓女生體驗到足夠的樂趣、喜悅感，才有機會正式進入情侶階段，因此掌握曖昧的技術絕對是男人的必修課程。

那到底什麼是曖昧呢？我會這樣定義：「妳知道，我知道，但我們都不說，搞到最後大家都不知道」，對男生而言這種充滿不確定性的東西肯定是相當可怕，但是沒辦法，女生就是這種難以捉摸的生物，我們只好靠後天努力學習這條路了。曖昧具體的行為表現是這樣的，保持一點神祕感，不要急著把你的意圖、想法、正確答案給對方知道，**特別是女生感興趣的事物**，她越想知道答案，你越是要勾她的胃口，例如她好奇你是做什麼工作的，你不用馬上告訴她正確答案，而回答妳覺得呢？妳猜阿等等，也可以搭配聊天技巧使用，給她一個誇張有趣的答案，如鏟屎官之類的。製造一點神祕感，讓她花更多心思在你身上，這樣你就成功了，人只會把在乎、重要的人放在心上，就像你會對正妹朝思暮想一

樣的道理，你越是讓她猜不透、花心思在你身上，對你產生感情的機率就越大。

對女生而言，她最想知道、最有吸引力的必定是你到底愛不愛她？到底要不要再一起，基於上述神祕感原理，千萬不要輕易讓她知道，一旦知道就等於攤了牌、電影結局被說出來一樣，馬上就變得無趣了。但這也是許多天真男生會犯的錯，那就是告白，在這認真的告訴大家，**吃飽沒事千萬不要告白**，告白只是一個儀式性行為，簡單來說，**告白的成功與否和告白本身沒有關係**，不論告白內容設計得多好，會不會成功都是早就註定好的，如果幸運成功也是因為你之前操作得當，不是告白這個動作的原因，萬一失敗，那可就慘了，告白之後你們的關係會尷尬無比，連當朋友都有問題，「因此除非你有100%的把握，你再去告白，如果只有99%的信心，就不要告白，因為你輸不起」。

綜合上面資訊，和心儀的對象相處時，不能一股腦向她傾訴你對她的愛慕之意，也不能完全像朋友一樣，完全沒有曖昧沒有肢體觸碰，必須抓到一個剛剛好的力道，大多時間向朋友一樣聊天、打鬧調侃她，卻又不定時的讚美她說她很美、有女人味、有吸引力，爾偶也來點肢體曖昧，摸摸她的頭、輕撫她的臉頰、牽著她的手過馬路再放掉等等，萬一她出現抗拒、不舒服的反應，也要懂得退一步並道歉，按部就班的慢慢升溫，你們自然而然就會變成情侶了也不用刻意準

備告白，最後小結一下，**進行曖昧升溫時，前進和後退一樣重要，不懂得適時前進或是衝過頭，都會造成感情失敗的。**

02、曖昧前期

■承諾的重要性

　　遵守承諾在日常生活中是件很基本的事，戀愛中也是，特別是男人對女人做出的承諾，勢必要去履行承諾，不論是多麼微不足到的小事，例如你跟她講你晚餐要吃麥當勞，但最後你卻吃了肯德基，被她知道你的麻煩可就大了，因為你說謊違背承諾了。女人在意承諾的程度超乎你的想像，她可以把任何無意義的事無限放大，她可能會說是不是肯德基的店員比較正？還是你跟哪個女人偷偷在肯德基約會？你是不是要劈腿？但原因明明就是你突然發現肯德基在特價或比較順路，所以你做出理性的決策罷了，但戀愛中的女人可沒有這種因時制宜的概念，承諾是絕對的，不論如何都得照做否則後果自負。

　　她們會有這樣行為的可能原因是她們的戀愛成本比較大、天生感性容易多想等等，確切原因為何也沒那麼重要，最重要的是既然知道女人很在乎承諾，和她們對話的時候都要非常小心並確保自己的腦袋有在運作，不要做出做不到的承諾，也要牢記自己到底說過什麼，只要有一次不守信的紀錄，她對你的安全感與信任感就會受損，留下永久的裂痕了。有時女生會有意無意提問你難以回答的問題，或變向要你做出承諾，但你又沒有把握好好回答或給出承諾，此時有兩種可行的辦法，第一種是轉移注意力，可以用幽默感帶風向切換話題，把原本嚴肅認真的情境變成趣味嘻鬧，藉此躲

過一劫。另一種方法算是比較正面面對問題的方式，當你無法或不想做出承諾回答她時，就沉默並微笑看著她吧，這樣就足夠讓她接收到你不願意直接回答的訊息，這樣又比起直接拒絕殺傷力來的小，因為沉默不代表否認，其實還有議價空間，或許將來你會實現這項承諾。我知道這在男生眼裡恐怕難以接受，我們男生喜歡明確精準的狀態，但女生比較能接受曖昧有緩和空間的情況，把話說死往往只會大吵一架破壞雙方關係，有些人總覺得一定要給出一個明確的答案，但沉默有時候也是一個很好的選項，沉默不表態在磨合期的各種吵架也相當有用，請男性讀者務必熟記這項技巧。

　　曖昧前期最重要的是個人魅力，到了曖昧後期安全感開始重要了。上段的承諾也跟安全感有很大的關係，除了注意自己說過的話外，也要多花時間在對方身上陪伴她，不能再明目張膽的認識其他女生了，和原先認識的女生相處時也要懂得避嫌，不要過度親密才能給對方安全感，她才會安心跟你正式交往，相信如何給安全感大家都知道該怎麼做，就是傳統觀念裡好男人會做的事如送禮送早餐、當專屬司機等等就不再贅述了。

■説一套做一套，很重要？

　　相信你一定非常困惑，才剛剛講承諾很重要，現在立刻自相矛盾，要你說一套做一套，但這裡不是指說謊，**而是希望你能做的比說的好**。我們男人就是非常直爽，心理的意思往往就是字面上的意思，但過於直接表達有時候會讓人不舒服，又或者是過於無趣。曖昧的重要性章節提到，女生不喜歡過於直白沒有想像空間的事物，如果你的實際行為和語言完全一致，就會變得太好預測非常無聊沒有曖昧空間，具體一點的操作方式如下，假如你今天剛好有空去探班打個招呼，你可以故意笑著說我絕對不是來看妳的，只是剛好順路經過而已，其實你來探望她的意思已經非常明顯了，你卻故意這樣說，言行不一致的反差比起平鋪直述更有趣，也能讓她花更多心思去猜測你真實的想法。

　　再來一點是女人只要對你有好感，都是非常愛聽好聽話的，在講甜言蜜語時可以拋開邏輯講誇張一點沒關係，但切記一定用輕鬆幽默的方式講出來，如果太嚴肅認真萬一她當成承諾可就不好了。比如說她做了一件讓你很開心的事，你誇獎她說「哇妳真的是全世界最貼心的人了，沒有你我就活不下去了」，後面的沒有妳就活不下去嘴巴上可以這樣說，但實際行為千萬不要這樣做，如果在一起後你整天黏著她，忽略自己的工作、原本的嗜好、交友圈等等，要不了多久她就會拋棄你了。綜合以上資訊，和女生說話真的是門藝術，

不能過度浮誇不切實際，又不能太過耿直無趣，不同女人的標準又不盡相同，只有多加練習才能掌握這門藝術。

　　最後來談談說謊這件事，道德上它當然是不好的，但實務上我必須承認，有時候說個好謊可以省下不少麻煩。所以到底該不該說謊？你自己看情況決定吧，每個人的說謊功力都不太一樣，有些人真的很老實不會說謊那就不要說謊，如果有自信能夠騙過女生的話就說吧，但結果請自行負責，有可能會解決問題，也可能留下永久性的傷痕。以下簡單講講說謊的技巧，最簡單的方式就是事前準備，光靠臨場反應要騙過女人難如登天，你一定要事先想好謊言中的情境並讓自己相信，憑空杜撰出的故事可信度是非常低的。比如你說你和同事加班去找客戶，但其實你跟你的狐群狗黨跑出去玩了，你要先想好是跟哪個同事一起去、客戶是男是女大概幾歲、在哪裡見面等等，再更高招一點用移花接木的方式，同上面例子你可以把上周拜訪客戶的真實經驗拿來使用，情境全部照實陳述唯有時間點把上周改成今天，女生問起細節你可以很輕鬆的回答，改天她遇到你同事也能確定真的有這件事，被識破的機率又在更低了。

■女人的忌妒心理

　　只要是人都會有忌妒心、好勝心，特別是戀愛中的女人，那怕是多看了其她妹一眼、多講了兩句話，在小的事都可以吃醋不開心。女人的好勝心、執著心其實完全不會輸給男人，只是展現的形式跟執著的點不太一樣，男人對「能力」方面好勝心很強，比如排名、職稱、分數等等，假如你參加了一場比賽，你一定會想要獲勝當最厲害的，好勝心就出現了。而女人則是對「人際關係」非常有好勝心，她們會很享受當人見人愛的小公主，如果有其他人比她更漂亮、更受歡迎，就會引起她的虛榮心想比她更受愛戴，如果牽扯到喜歡的對象就更可怕了，「為什麼你對她這麼溫柔？」、「你跟她聊了什麼怎麼這麼開心？」，她要嘛直接對你發脾氣，要嘛用各種怪招吸引你的注意，就是想獲得人際關係中的勝利。

　　女人的忌妒心理總是讓男人覺得可怕，但仔細想想這其實是滿合理的事。請回顧一下戀愛的成本章節，女人談一場戀愛是要玩命的，對於可能會影響她愛情的人事物當然會很敏感。因此和女人談戀愛時，**把女人的忌妒心調控再一個適當範圍是很重要的課題**，是的你沒看錯就是要去調控，或許有人會覺得去操弄別人的忌妒心不是很沒道德嗎？確實從道德觀來看這樣很不好，**但實務上引發忌妒心這件事在愛情裡使用率接近百分之百**，多數人對於忌妒這件事很直觀的就是

和異性大搞曖昧，但其實還有比較平和的忌妒型式，還記得曖昧前期男性魅力的內容嗎？男生應該要有自己的生活、有熱衷的事業、興趣、廣泛交友等等，這些就足夠引起某種程度的忌妒心理了。

你有自己的嗜好、交友圈，你就需要花時間在這些事上面，意味著你能陪對方的時間被壓縮了，在她真的喜歡你的情況下，當然想花時間跟你相處，但你的時間被這些事情占據了，她自然就會更珍惜你們相處的時光，甚至會花心思來吸引你的目光，想讓你花更多時間在她身上。如果最後也成功吸引你讓你更寵她、花更多時間陪她，此時她擊敗你原有的興趣、朋友圈並抓住你的目光，這當中也包含了一些「勝利」的成就感，這可以滿足她的好勝心、自尊心，付出努力得到的果實絕對比不勞而獲更加甜美。雖然這不是真的由愛情因素產生的愉快感受，但實務上使用這樣的技巧確實能夠在你們的感情中加入不確定性與刺激感，讓感情有所起伏變化，避免再一起久了平淡像家人的狀況。因此千萬要記得，就算真的變成了情侶，還是一定要有自己熱衷的事物和經營好原有的交友圈。

還有一種比較特別的狀況，就是遇到好勝心、自尊心非常強的女生，她們喜歡被眾星拱月，無法接受身邊沒人陪。甚至對她們而言單純的兩人愛情已無法滿足她們，她們非常享受打勝仗的感覺，無法忍受失敗，有時候喜歡戰勝的快感

大於愛情本身。她們喜歡的男生一定是許多女生喜歡的、甚至已經有伴侶的男性，擊敗其他女生或元配可以為她們帶來極大的優越感，這類的女生通常外表都滿出眾的，也非常了解男人想要什麼，可以快速和你墜入情網，但也換得很快，感情史也滿豐富的。這類的女生不是不能追，只是方式比較特別，如果你想和這類女生來場短期戀愛，切記一定要有其他人事物讓她忌妒，而且最後要讓她獲勝，如果沒有東西可以忌妒競爭或是讓她打敗仗，她就會離開你了，等她勝利開心一陣子後要再認識新的人或培養新的興趣，讓她陷入無限迴圈玩個過癮才會一直待在你身邊。

　　如果你想讓這個女生跟你穩定下來，你就要在熱戀期對她非常非常的好，讓她體驗過去從沒享受過的快樂，讓她覺得你跟其他玩玩的男生不一樣，她原本可能只是想玩玩，卻發現你是這麼的好，好像是天上掉下來的禮物一樣，她才有可能會珍惜你跟你穩定相處。最後提醒不管怎樣，跟這類的女生相處時你心裡一定要有個底，她就是玩性重最後有可能離開你，既然你自己選擇和這樣的人相處就要面對可能的風險，不要最後她跑了你在那邊生氣罵她，這樣也改變不了什麼只會讓自己更難堪。

■曖昧後期該對女生好嗎？

女人除了愛聽甜言蜜語外，當然也很享受被人呵護寵愛的感覺，但前提是她要對你有意思才有用，不然只會造成反效果。那還在曖昧後期的女生到底要不要對她好？要，但絕對不能好過頭，常見的錯誤就是瘋狂的追求女生送禮示好，這樣你就很像是個奴隸、工具人，女生不可能跟這種人談戀愛。你對她的好基本上還是要在朋友關係下合理的範圍，最多超出朋友關係一點點來釋出曖昧訊號，而不是當情人火力全開，而且這份付出必須是不會影響到自己生活，就算付出沒得到任何回報、你跟她沒有結果你也不會在意的。

以送禮為例，一開始絕對不要送貴重物品，會讓人覺得壓力大、莫名其妙而疏遠你，更慘一點就是愛上你的財富而不是人，一開始送禮幾百塊甚至幾十塊的小東西就可以了，可以是她愛吃的小零食點心、喜歡卡通人物的玩偶吊飾類、她日常生活中常會用到的器具（個人衛生用品除外），重點不是價格而是有沒有巧思、用心的感覺，讓她覺得你有了解她並把她放在心上，而且送她她真正喜歡或常常用到的東西有個好處，每當她在生活中再次見到這個物品時，很容易就聯想到你曾送禮給她，你就再次在她的腦海中出現，可以增加你的成功率。

另外即使順利進行到曖昧後期或熱戀期，你對她的好、付出也要以不危及自己日常生活為主，你在熱戀期可以不顧一切的對她好，但過了之後還有辦法嗎？一旦她養成習慣很自然會把你的付出當成應該的，熱戀期一過你停止付出就準備吵架吧，**因此在曖昧後期和熱戀期你可以對她好，但這份好必須是你將來願意一直做下去的**，這也是許多女生會抱怨、百分之九十的男人會犯的錯（我承認我也犯過這樣的錯），就是熱戀期一過男生就再也沒有用心對女友好了，**這是錯誤的行為**，熱戀期一過感情確實會變淡，但也不能就此不再對她用心，否則女生積怨一久一定會出問題。

因此切記在曖昧後期和熱戀對她的付出要有所節制，你必須想到現在願意為她做的，以後也得做，不要平白無故給她一個理由攻擊你不再愛她了，另外，有時候女生會基於禮貌或矜持，會跟你講以後可不用這樣送禮、接送我啦，但是她是笑著說的，代表你這樣做她會很開心，你以後還是得一樣這樣做，萬一你真的傻傻地聽她的話不再送小禮物、接送她，她最後一定會不開心，你又要倒大霉了！

還有一種情況是你們還是朋友關係，女生可能失戀或遇到負面事件想找你訴苦抱怨，**這種時候強烈建議不要傻傻的當她的情緒垃圾桶**，這不是典型戀愛的劇本，你去聽她訴苦，很容易就變成她的諮商師、好姐妹，這絕對不是你想要的，較恰當的處理方式是這樣的，先真誠用心的花三分鐘聽

她說發生了什麼事，然後告訴她「好我知道發生這些事妳一定很難過，我也想好好陪妳，可是我待會得去見重要的客戶（或是上班開會、趕報告等等重要的公事，請自行依情況變化），我們下次一起吃個飯我在聽妳說吧！」，這樣不但可以躲掉被當成垃圾桶的命運，也讓她知道你是有在乎她的，又順便包裝自己是個重視工作的人，還鋪了一個可能的約會機會，一舉數得呢！

■約會地點的選擇？

有些男生會有些奇怪的迷思，覺得和女生約會就一定要去很特別的地方或是高級餐廳，這是個錯誤觀念。約會的地點並沒有那麼重要，重要的是你這個人對她而言有沒有吸引力，只要她真的對你有興趣，就算是路邊攤吃滷肉飯她也會答應的。回到主題，跟曖昧後期的女生約會該去哪好呢？其實很簡單，就去你熟悉平常會去的地方就好了，不用刻意裝得很有格調或經濟能力很好，這樣太不自然太不真實了，選你熟悉的地點，這樣才能像個導遊，有領導力的教她該如何玩、跟她介紹這邊的景點、美食等等，應該都還記得主導權在戀愛中的重要性吧，這邊也是一樣的道理，再者萬一約會過程中出了差錯，氣氛乾掉或講錯話讓她不開心，至少你還能自己逛自己的、玩你想玩的。萬一選了個不熟悉的地方又出了狀況無法跟她互動，真的會整個乾在那裡非常難看，如果真的平常沒有出去玩的習慣或是那個地點女生真的沒興趣或不適合，最萬用的就是美食餐廳、咖啡廳或是逛展了，現在網路非常發達隨便搜尋就可以找到不錯的店家了，另外提醒，如果是第一次約會，地點最好是對她而言交通方便、她熟悉的公共場合。畢竟一開始對你的熟悉度、信任感都不夠不太可能跟你去很遠的地方或是人煙稀少的郊區，一開始如果你挑錯約會地點女生可能還會懷疑你的目的呢！

■肢體曖昧和語言曖昧

　　曖昧大致可以分成肢體曖昧和語言曖昧，使用順序建議是先確認語言曖昧沒有不良反應後，再進行肢體曖昧。語言曖昧使用方式如下，透過誇獎或其他方式，間接表達你對她的好感，同時也沒有明確要求她當你的情人，用這種強勢但不強迫的方式才不會給女生壓力。具體點來講，你可以在誇講完女生後，加上我覺得妳這樣很有魅力、妳這樣會讓我心跳加速、妳再這樣我怕我會失控等等這類曖昧話語，接著看她的反應來做應對，如果只是害羞的笑一笑而已，那就趕快切換到中性的話題或轉譯注意力到別的事物，不要讓她覺得你好像在告白，想要立刻改變你們的關係。

　　只要她沒有負面的反應，你就裝沒事繼續相處，過一陣子再用類似的方式釋放曖昧訊號，再沒特別反應就再等一陣子，不斷重複以上動作，直到她開始有所反應，用認真的口吻問你，你是喜歡我嗎？現在是要再一起嗎？此時再用認真的口吻，依照她的用字遣詞給不同的回答，一樣要豪爽的表達你喜歡她、想和她再一起，但不是用強迫的態度，而是期許這件是發生的心態。簡單來講，你給回應的方式就像鏡子一樣，她沒什麼反應，你也輕描淡寫的帶過，她很認真看待這件事，你再勇敢的表明你喜歡她。

　　語言曖昧沒有抗拒的話，就可以肢體曖昧和語言曖昧一起並用了。但在使用肢體曖昧前還是要有中性的肢體接觸比較安全，中性的肢體接觸目的只是要試探並拉近你們的關係，並讓她慢慢習慣你和她有肢體接觸，進到肢體曖昧時才不會太唐突。此時目的不是要滿足你自己，所以一定要順勢合理並且時間短。最簡單就是用小遊戲的方式，各位可以自行搜尋合適的肢體互動小遊戲，再來就是從聊天過程中順勢進行簡單的肢體互動，好比說女生聊到她有在健身，你可以說那我可以摸看看你的二頭肌嗎？當然你必須先問過她，而且摸的時間不能太久，互動的順利也可以讓她摸摸你的，然後再調侃她好像沒有很認真之類的。又或者她抱怨上班很累，你可以經過她同意後做簡單的按摩等等。

　　再來就是日常生活中簡單的帶位引導，像是過馬路或女生走錯方向時，用你的手臂接近她，好像要摟住她的肩膀或腰，但不要真的碰到，尤其是剛認識不太熟的狀況，只要你手臂靠近她不需碰到她就感受的到了，用這種方式引導她走對路或調整位置避免危險，女生會覺得有安全感被照顧的感覺，等到曖昧程度加深後再把手輕輕的搭到她的肩膀、腰甚至直接牽起她的手，但過完馬路、調整完位置後一定要馬上放掉，畢竟這裡只是要做中性的肢體接觸而已。然後最好養成幫女生開門、拉椅子、開車門的好習慣，這些小動作需要稍微練習一下，門是左開右開、內拉外推和你自己身體的走位要習慣一下才不會卡到女生反而尷尬，再搭配上述引導帶

位的技巧一起使用效果更佳。另外平常沒事就習慣帶個面紙女生需要的時候主動遞給她，吃飯時如果需要拿餐具就幫大家一起拿，以上這些小細盡量練成反射動作，對所有女生都如此對待，這是一種紳士風度的展現，而不是只為了追某個女生而刻意獻殷勤，刻意對一個女生好她當然會開心，但此時她心裡想的是「如果有一天你追到我後，還會對我這麼好嗎？」如果你用紳士風的的方式對所有朋友好，女生接收到的訊息是「他平常就對朋友這麼好了，那當他的情人還得了啊！」這種照顧所有人的紳士心態搭配廣泛交友模式能夠讓你在團體中吸引到女生的目光，請盡量做到。

肢體曖昧是一種友達以上，戀人未滿狀態下的互動模式，進入此階段大致判斷標準為能夠兩人單獨出去約會，而肢體曖昧建議是在兩人獨處時使用，團體活動中如果沒有正式在一起就肢體曖昧很容易遭來他人閒言閒語。最常見的肢體曖昧就是牽手了，但也不是莫名其妙突然牽起她的手，最好有個適當的切入點，好比說她覺得冷的時候、過馬路、捷運來了怕來不急拉著她的手小跑步，結束後繼續牽著不放開，此時沒有反應就是最好的反應，之後約會就直接勇敢的牽起她的手吧。如果她有所抗拒或表示不舒服，也要馬上放開，肢體曖昧遇到反抗時懂得後退非常重要，然後再跟她說你不小心忘了放開用打趣的方式帶過，也不需要自己心虛很罪惡在那邊道歉。一開始可以用比較基礎的肢體曖昧，像是當她做什麼傻事之後摸摸她的頭，說她很可愛，就像對一個

小女孩那樣。或是上述帶位引導的延伸，繼續碰觸著她看她有何反應。

　　另外在約會過程中有時候會遇到看著對方但都詞窮的狀況，此時你可以輕輕撫摸她的臉頰或摸摸她的頭髮，再進階一點可以試著用你的臉靠近她的臉好像要吻她，但不要真的碰到，說這個角度看妳特別可愛。如果真的很有把握慢慢親下去也是可以，沒那麼有把握又想親吻的話一開始可以先從額頭，或是西式挽起她的手並親吻手背的方式比較安全，切入點可以用今天跟妳玩的很開心，送妳一個小禮物這類的話術。當然上述例子都是參考用，肢體曖昧的方式技法也是無窮無盡學不完，隨不同的人、情境也會有不同效果，最重要的是提升自己的實力，而非死背技法。如果你曖昧功力很好或是她對你真的很有興趣，你們可能不需經過告白的過程，手牽一牽自然而然就變成情人了，甚至女生主動來跟你告白，這樣都非常好，不需拘泥一定要男生主動開口告白這件事情上。

　　最後作個提醒，和女生曖昧很可能會是場耐力賽，畢竟她們戀愛成本很高，很難像男生一樣到處一見鍾情，而且每個女生從曖昧對象變成情人所需的時間都不相同，可能是幾個禮拜，也可能是幾個月，而且這個過程中女生會本能地去考驗你，考驗你是不是真正優秀的男人、是不是要認真投入這段感情。而考驗的內容千奇百怪，全部由女人說了算，她

可能會故意冷淡不理你、故意跟別的男生走比較近、故意勾引你看你是不是畜生會失控等等，此時務必沉著冷靜應對、發揮男性應有的氣度，不要發脾氣並有耐心地跟她曖昧下去，得失心也不要太重，試著去享受這有趣的曖昧時光吧，當你真的沉的住氣、真心樂在其中，她就非常有可能會變成你的情人了。

除了曖昧之外你還可以花點心思和對方聊聊你內心深層比較感性、真實的想法，或是人生中對你有重大影響的事、你較少和其他人提起的小祕密，慢慢的做自我揭露，這樣可以更拉近彼此的心理距離。心理學研究顯示，兩個人的親密程度和他們兩人分享資訊的多寡有高度相關，這非常好理解，你會跟親近的朋友聊近況，而不會和巷口超商店員聊，既然想成為最親密的情人，就花點時間跟她談心吧，她也會回饋她的想法感受，你也能更加了解她的想法觀念，此時很重要的是蒐集資訊，在這段深度談話中可以了解她的思維、價值觀是否跟你自己相似，萬一差很多的話，誠心建議好好考慮是否要跟她交往下去了。

長期交往關係中，內在性格和價值觀是否相似真的非常重要，如果發現不合適的話建議在這個時候就可以踩煞車了，不然等到熱戀期沖昏頭會自動忽略這些問題，腦神經研究發現熱戀中的男女，腦中神經傳導物質的分布特性和吸毒嗑藥中的人非常類似，所以熱戀中的人腦筋都不太正常是真

的有科學佐證的，熱戀中就算對方做錯事，那顆過High的腦袋也會假裝沒看到，但熱戀期一過腦袋恢復正常就會開始吵架了。所以如果你是想追求長期穩定的愛情，在曖昧後期有發現不合就慢慢跟她淡掉吧，或參考磨合期分手技巧章節，不然最後結果就是一口氣讓兩個人受傷。

曖昧程度很深或是到熱戀期時，你甚至可以講出心中害怕恐懼、沒有自信的部分，展現出你柔弱的一面（但只能私底下偶爾展現，一直呈現柔弱狀態會讓她沒安全感、覺得你很娘），跟她撒嬌依偎在她懷裡吧。只要是女人天生都會帶有母性，當自己的情人需要安慰、拍拍時，她們會展現一種「類似母愛的情懷」，她們會把你當成孩子似的，溫柔的安慰你、哄你，這是一個女人對孩子或情人才會有的表現，是非常好的戀愛節奏，這個難得的時刻就請好好享受吧，畢竟我們男人很少有機會真實的展露脆弱的一面。而且當女生處於這種母愛狀態，她們也會非常有成就感，你願意向她撒嬌代表你對她絕對的信任、認同，她們會覺得自己被需要、是不可或缺的存在，她們也會感到自豪的。

曖昧後期有一種加溫技巧非常強大，熱戀期使用也很合適，那就是跟女生聊家庭、小孩，但一定要用假設的口吻，例如「如果我們再一起，妳覺得要生幾個小孩好？」「如果我們結婚，房子要買在哪好？」「如果我們有孩子了，該怎麼教育我們的孩子好呢？」等等，一個幸福美滿的家庭是女

人非常嚮往的，用這樣的話語把美好家庭的畫面帶出來，會讓女生非常有戀愛的感覺。但有一點非常重要，**如果你一開始就沒有打算和這個女生發展長期穩定關係，就不要用這招了**，因為她失落感會非常大，會傷得非常重，分手時會非常難看，如果你還有基本良心的話，就不要用這招來欺騙女生。

如果你是以結婚為目的談感情的話，這招也很適合試探她現在或將來想不想要有孩子、對子女教養方式的觀念為何、她如何看待為人父母這件事。萬一這個時候就發現教養觀念不合也請考慮拉開距離，萬一等到結婚生子後才開始為如何帶小孩而吵架，此時家庭婚姻的壓力跟兩人戀愛是完全是不同層次，所以在曖昧期還保有一點理性時預先做出合理的判斷，避免未來出現更可怕的問題。

■面對性愛話題的健康心態

如果一個男生想要和一個女生有超越朋友的關係，就不得不提到性愛相關議題了。性愛，是一段完美愛情關係裡必定存在的要素，除非你覺得打死我都不要跟我女朋友做愛，那我也沒意見，你就可以跳過這段了。我聽過有些男生會覺得對女生有性欲好像很壞、很糟，好像會被女生厭惡，這樣想就不太合理了，只要這個女生對你是有好感的，而且你用恰當的方式表達你對她的愛慕、占有慾，她一定會高興啊！因為你覺得她很棒、很有魅力所以想和她做愛，是對她美貌、人格的一種肯定、讚賞。

想像一下今天你心儀的女神突然跑來誇獎你、跟你撒嬌，再跟你告白，你一定是開心的不得了吧，只要用對方法不要像個癡漢一直盯著女生流口水，她們看到你為她癡迷、陶醉的樣子，她們絕對是非常有成就感的！而台灣目前的愛情生態，是以男生主動追求女生為主，而且我們的性教育明顯不足，文化因素也對性議題的討論較為保守，因此男性們必須有技巧性的主動和心儀對象開啟性相關議題，讓她接收到「你不只是想要跟她做朋友而已這樣的訊息」，這樣才是追求女生較恰當的模式，想讓女生主動追你甚至開口想要性，是相對少見的。

那該如何操作呢？首先第一步，你自己一定要對性有健康、正面的觀念和態度，這也是一個有魅力、優秀的男人所應該具備的特質。人際互動永遠是雙向的，就算你不發一語單純聽對方說話，你的沉默、肢體語言其實都在透漏訊息給對方，影響著對方心理，進而影響他對你的回應。你可以做個簡單的小實驗，你回到家或見到朋友時，就面無表情，一句話都不說，不用多久，他們一定會來問你到底發生什麼事了，因為「你行為透露出的資訊，會影響他人對你的看法」，換而言之，每個人都是具有影響力的。

　　假設你對性愛這件事抱有存疑、恐懼，一講到這個話題就吞吞吐吐、驚慌失措，這份恐懼在女生眼裡看來絕對更加的明顯，她也會害怕一旦跟你說了性相關話題，你會不會很不成熟的把她當婊子看，四處宣揚說她是個賤女人？這個道理就像推銷員一定要先認同、喜愛自己的商品一樣，才有可能去感染客人，讓客人也喜歡上商品，同理，「**如果連你自己都害怕性，女生怎麼能不害怕呢**？男人不是不能好色，但請你色的有風度、有水準、健康有自信，如此一來就算女生不接受這個話題，也不至於覺得你是個變態噁心的怪人。

■女生不喜歡做愛？

　　似乎有些男生有這樣奇怪的思維，覺得多數女生是討厭性愛的，這是真的嗎？從生理學的角度來看，女性生殖器官的感覺受器其實比男性還要更多，講白話一點，其實做愛的時候，女生比男生更爽！然而，明明生理上比我們男生還舒服，為何女性不像我們男生對性愛有這麼強烈的渴求，甚至恐懼性愛呢？相信還記得「戀愛成本」內容的讀者已經知道答案了，不論在生理、社會心理層面女性面對性愛的風險是相當可怕的，特別是心靈層面，這裡再一次的對女性性愛的心理恐懼做論述。

　　現在邀請男性讀者跟我一起做一個想像練習，你即將面對一種可怕的壓力，這個壓力可怕到讓你不敢看路上正妹、不敢看A片，甚至不想打手槍、不想做愛，你能具體想像這是怎麼樣的一個壓力源嗎？很困難吧，我自己是想像不出來這到底是什麼樣的情況，但是你知道嗎？每個女孩自從懂事開始，「每天24小時都要承受著這種壓力」。女孩子從小就被教育著要好好保護自己，萬一讓自己的身體「髒」掉了，妳就成了婊子、壞女人了。但這種想法其實完全沒道理阿，如果和配偶以外的人發生過性行為，就是骯髒的壞人，那麼這世界上的壞人恐怕比你想像的多，依照這個標準，你身邊的朋友、師長、同事、兄弟姊妹甚至父母，都可能是你口中的「罪人」。

回到開頭問題，女生不喜歡做愛嗎？當然不是（除非這個女生真的很保守，或者沒有性經驗或是有負面的性經驗，不然性愛的歡愉真的非常誘人），真正的事實是，就算她們想要，「她們也不敢明目張膽地說出來」。女生們會擔心，萬一講出自己對性的渴望，會遭受到何種眼光看待。萬一這個傾聽者是比較保守、對性有疑慮的人，可能會到處宣揚這個女人是多麼放蕩、骯髒、不知羞恥，這樣她以後的日子是要如何過下去呢？加上台灣的性教育不足，多數人不敢公然談起性相關話題，使這種對女性身體物化的狀況更加嚴重。

有些女生甚至會因此產生罪惡感，產生嚴重的情緒困擾。這種罪惡感具體來說是什麼呢？恐怕比剛剛做的壓力想像練習還可怕，相信大家身邊多少一定有些討厭的人存在吧，那你平常都是如何應付他們的呢？想必是能夠不見面就不見面吧，那如果今天這個被你討厭的人是你自己呢？你要怎麼躲開自己？我們每天24小時都得跟自己相處，被迫跟討厭的人整天黏再一起，是多麼讓人心煩的一件事啊！厭惡的情緒想必大家很好理解，而罪惡感是比厭惡更加強烈的負向情緒，帶有更多的仇恨、不滿、噁心的感受，一個因為性而有罪惡感的女生，整天都得跟這些感受相處，這會是何等的痛苦阿！

在讀完上段內容後，男性們是否有稍微了解女性面對性愛時的憂慮呢？你是否還是如此在乎女生有沒有過性行為

呢？接下來就來討論這個話題，想必有部分男性一定很在乎這點，會希望自己未來的情人是處女、沒有人碰過的，但這樣的想法絕對是**不合理的**，她跟你一樣是個有自身體自主權的人，沒有人的身體先天就屬於某個人的（相關論述請參考戀愛成本章節）。接著從現實面談談，這樣子批評女性的身體，有任何人從中得到任何好處嗎？當然沒有阿！你發洩完你的情緒，她一樣不會變回處女，你想找女人做愛的慾望一樣沒有消失阿。

女人是非常感性的動物，接收到負面情緒後只會回彈更強烈的負面情緒（相關資訊請參閱人際關係中的負能量球章節），她們心情不好想做愛的慾望當然更低了，更可怕的是「處女情節的蝴蝶效應」。你今天批評了一個女生很放蕩、很髒很不忠，可能得知這項消息的不只你們兩人，還有身旁的路人和朋友，之後這個女生很可能帶著負面情緒，去跟她的好姊妹、好朋友們發洩，讓其他人知道被當成壞女人看待是多麼的可怕、多麼委屈，**她會把這些負面情緒、恐懼散播出去**，包含當初聽到你責罵她的那些路人朋友也可能會做出一樣的事。因此訊息傳播的速度遠比你想像中的更快，一但越多人接收到這個訊息，**害怕性的女生也會越來越多**，一傳十，十傳百，某天或許就傳到那個你心儀的女孩子耳裡，她也因此開始對性抱有恐懼，你在追求她的時候會遇上非常大的阻礙，因為她恐懼性、害怕被當成婊子、不敢隨便談戀愛，**而這項恐懼源頭就是你當初為了發洩情緒責罵某個女人**

很髒。

從絕對理性現實面來看，你是毀了自己感情路的幫兇之一，說到這，你還會覺得責罵女生是明智的決策嗎？記得下次再批評女生之前，先好好想想你破口大罵之後，能夠獲得什麼好處？你真正想要的結果是什麼？罵了她能夠因此獲得想要的結果嗎？如果沒辦法的話，就別直白的罵了吧，反正罵了也沒用，沒有解決任何問題，把話說得委婉一點，或是自己找別的方式發洩情緒，才是最理性、對自己最有利的。

因此，對男生而言，面對性擁有健康的心態是非常重要的第一步，但不是有了健全心態後，立馬開門見山大談性愛，這樣會嚇到人的。一開始還是用性暗示，這種比較隱晦的方式較穩當，如「我上次看到士林大香腸又粗又長，讓我受不了」、「那家早餐店的饅頭又白又圓，真的好想搓揉它喔」，用比較模糊的比喻方式，去試探女生。如果她們露出害羞、調皮的笑容，回你說「你很色耶」這類的話語，你還可以反過來指控她你再亂想什麼、懂很多喔之類的話語來調侃她，讓性的話題在打鬧、開玩笑的狀態慢慢延續下去。萬一對方沒有反應，甚至表現出不舒服的樣子，你也不需緊張道歉，顯得很慌張怕得罪她（這種情況一旦發生，女生就知道你對性還存有恐懼，而且因為這樣就慌張道歉是一個低地位的人才會做的行為），就裝的一臉疑惑，表現出奇怪怎麼了？我根本沒那個意思啊的態度，然後快速轉換話題假裝沒

發生過，畢竟你是用模糊、曖昧的方式來描述，並不是明目張膽的大開黃腔，既可攻，也可守。

另外還有一種非常好用的方式，叫預告法，這個方法不只適用在情感上，**它適用任何形式的人際溝通**，不論是職場、朋友、親人之間都相當好用，請務必學起來。當你今天想告訴對方一件事或開起某個話題，但你預測到對方可能會對這件事感到生氣、不舒服等負面情緒，你可以這樣說：「我有件事想跟你聊聊，但可能會讓你不太開心，這樣你還會想聽嗎？」。用在開起性話題的話最好有個洽當的時機、話題點，如「妳說到這個XXX，剛好讓我想到一件很好笑、很特別的事，但是很黃很色，妳可以接受嗎？」，用這種預告的手段，讓對方知道接下來的話題可能會很情慾、很勁爆，比較不會嚇到對方，同時也製造出了神祕感，讓人更想知道你到底要說什麼。在經過對方同意之後，就算你說出來的內容真的讓她很錯愕，至少你先警告過她了，她惱羞成怒或把你當變態的機率會大幅下降（如果她最後還是不開心，你也拿她沒辦法），但如果對方決定不聽了，就跳過這個話題吧，硬是講出來反而會給人一種聽不懂人話的負面感受。

如果今天是女生主動和你談起性愛相關話題，絕對是件好事，代表她對你有一定程度的信任感或興趣。「但不代表她想和你做愛」，這個女生可能只是把你當紅粉知己，或是單純對性好奇，又或者想試探你是不是畜生，甚至是天真

到以為能所有男人都有辦法控制下半身，可能性太多了，千萬不要吃緊弄破碗。女生願意主動聊性話題已經是非常好的開局了，只要配合她話題的尺度，順著聊下去就會有很好的發展空間了，切記女生內心渴望想要的跟男性有所不同，她們並非滿腦子只想著做愛，女生渴求的是一場浪漫、甜蜜的約會、一段感性的心靈交流。有時候只是單純害怕寂寞想要有個伴陪，有時候又是虛榮心作祟，想要享受眾星拱月的感覺，才在身邊擺個男人來取悅自己，有時候她們根本不知道自己在幹什麼，跟你聊性、去幽暗的地方約會、甚至跟你回家，**都不等於想跟你做愛。**

■進行親密行為的技巧

在曖昧前期時，追求女生前進與後退一樣重要，然而在和高度曖昧或熱戀期女生獨處，試圖進行性行為時，**後退比前進重要**，一旦女生出現抗拒、不舒服的反應時，應該立刻停止當前行為。道德觀點來看，就算她是你的女友、老婆，**她也沒有義務要和你做愛**，她有她的身體自主權，她的人生目的也不是要服侍你，要不要做也要經過她的同意。再從實際面功利一點來看，你一但強迫女生跟你做愛，她對你的信賴、安全感將會大打折扣，這樣的人怎麼值得把生命託付給他呢？你前面辛辛苦苦建立起來的戀愛感覺以及她對你的信任感、安全感會在一瞬間破滅。

強迫女生做愛，最好的狀況就讓你爽這麼一次，然後她會覺得你就是一個下半身不受控的禽獸，很可能導致最後分手，更壞的狀況就是她告你強姦到時候法院見，男性同胞們，請動動你理性的大腦，這樣做真的值得嗎？最聰明的作法，還是尊重她的決定，讓她覺得你不是個只用下半身思考的男人，你懂得尊重她的感受，在她的眼裡你會更有魅力，之後她願意和你發生性行為的機率將會大大提升。

想要和女生進行親密肢體觸碰來增溫，首先這個對象一定要對你有一定程度好感、曖昧關係，否則過於突然的肢體互動鐵定會嚇到對方。你們的進度至少要她能接受性暗

示、性有關的話題，並且兩人單獨到有隱私空間地點約會程度，且執行地點最好是幽暗的地方，過度明亮、開放的空間會讓女生有種攤在陽光下的感覺，很難放開心裡的矜持。假設今天的情境是你們兩人是高度曖昧狀態，一起到山上看夜景，肩並肩坐在一起聊天，你可以慢慢的把一隻手扶到她的腰上，慢慢的把你的身體轉向她，深情地望著她把臉慢慢靠過去，另一手再慢慢地摸摸她的頭，撫摸她滑順的秀髮，再慢慢移到她的臉頰，扶著她那早已紅潤的臉兒，把你的臉靠向她，彷彿要給她一個吻，卻慢慢的斜向一旁，兩人臉頰相碰，再慢慢轉頭，用你的鼻尖劃過她的臉龐，移向她的紅唇，最後給予深情一吻。

如果到這都沒有任何的反抗或不舒服表現，可以試著用你的嘴唇輕輕含住、微微吸允她的嘴唇，如果你喜歡或她接受的話，也可以進行舌吻，嘴部活動若能夠進行數十秒以上，此時可以慢慢移動在她腰上的那隻手，看你想摸她的胸部還是陰部，或是照順序都摸，手慢慢往上或下移動並溫柔愛撫，可以的話，再鬆開你的褲子，讓她也摸摸你。這些動作也進行數十秒以上後，可以大方表示你想跟她做愛，若她接受野戰，就直接來吧！不行的話也要尊重她換個舒適的環境，若是拒絕和你做愛，也千萬不要勉強她，就說時間差不多了該送妳回家，經過這臉紅心跳的一摸，你們的關係絕對大有突破，下次約會再好好努力，你已離順利達陣不遠了！

當然現實往往是殘酷的，大部分的狀況都不會那麼順利，過程中如果女生有任何不舒服、抗拒的反應出現，應立刻停止當前動作，回到上一個比較沒有那麼親密的動作。例如她可接受你摟著她的腰，但當你臉頰靠過去時她感到慌恐，你要把臉趕快退回去。若她接受舌吻，但當你把手往下摸時，有所反抗要你停止也請立刻停止，手收回來休息數十秒後，再慢慢地親吻她一次，沒有拒絕再次嘗試把手往下體摸，然而任何嘗試下一步動作失敗兩次之後，「就不要再試第三次了」，失敗兩次就足以說明她目前可以接受的程度就到這了。女生和男生不一樣沒辦法一瞬間就熱起來，萬一過程中真的讓女方非常不舒服而感到憤怒時，務必誠心向她道歉，但不要低聲下氣、覺得自己是個罪人以低姿態向她賠罪，而是告訴她「抱歉我的行為讓妳感到不舒服，但那是因為妳太美、太有魅力，而且我覺得現在氣氛很好真的是忍不住才會這樣做」。

你要讓她覺得是因為她很有吸引力你才這樣做，而不是讓她覺得你就是單純的畜生而已（肢體曖昧時女生如果不舒服也是用同樣的原理道歉）。另外，當遇到女生拒絕親密行為時，雖然你的心情一定會很低落，但絕對不要因此動怒，因為對女生發脾氣是沒有用的（原因請參閱男人該有的氣度章節），另外也絕對不要跟女生講道理，說性愛是很正常的、或是本書中出現過的說法，更不要叫她來看這本書，**因為女人是非常感性的**，她們不想要親密肢體觸碰時，就是不

想要，你繼續強迫她跟她理性構通，她只會覺得你不懂她。而且身為一個女生，永遠都有正當理由懷疑你只是想幹她的畜牲，這是她們保護自己的一種機制，越是強迫、講越多道理，這個機制運作得更強烈，只會造成反效果增加疏離感。

上述案例只是一個情境示範而已，不是絕對流程，現實中有太多其他操作技法，永遠都學不完，不同情境對象適用方式也不同，但整體概念都是一樣的，照親密程度依序前進，由非性器官部位的肢體觸碰開始，可以是從摸摸頭，再到臉頰，再來嘴唇，又或者手臂開始，再到肩膀，再到脖子，又或者從摟腰開始，再到大腿或屁股，不論如何敏感部位和性器官一定是最後，遇到卡關、拒絕時，**一定要停止並休息給於空間後回到上一動作，且最多嘗試2次，不要憤怒，不要講道理**，千萬要切記，在向女生展示想和她做愛的渴望時，「後退比前進重要」。最後一個重要的提醒，一定要做好避孕措施，萬一懷孕就是另一個層次的問題了，有了孩子就伴隨諸多限制與責任，不再是兩人世界你們開心就好，沒打算為人父母的話就不要抱著僥倖不會中的心態了。

03 熱戀期

　　熱戀期可以說是愛情裡面最美好的階段了，就如同大家腦海中對戀愛的典型印象，兩個人開心地活在自己的小世界，甜蜜且歡愉的情感交流，請務必好好享受這美好的階段，這是幾乎是愛情最美妙的時刻了。再者，熱戀期過了之後便是可怕的磨合期，絕大多數人都是在磨合期陣亡，因此在熱戀期除了享樂之外，有些小功課要提前準備，以備未來磨合期強烈的衝擊。

　　這邊有個小技巧可以稍微拉長熱戀期的美好時間，俗話說小別勝新婚不是沒有道理的，熱戀期中的男女很本能的會想整天黏著對方，但建議可以刻意偶爾減少見面、約會的頻率（但如果你們在共同生活圈一定得見面，或是遠距離戀愛見面機會少，就不需刻意使用）。比如說你其實時間夠每天和她見面，你可以故意說要加班、弄報告等理由，變成隔兩三天才見一次面，當然沒見面的那幾天一定要用電話或通訊軟體跟她聊天，這樣雖然你自己也會心癢難耐，但對她來講也是一樣的，等到你們見面約會時雙方都會更珍惜共同相處的時間，能稍微拉長熱戀期的時間。

　　熱戀期有一件非常重要的事，**強烈建議在熱戀期不要做**

出承諾，這個階段不論男女都是不理智的，一時衝動許下承諾，將來磨合期回想到過去浪漫的承諾，如今卻連感情是否能維持下去都不知道，雙方都會格外刺痛。而且原本善意的承諾也會變成枷鎖，有些人甚至會為了不打破承諾而違背自己真實的想法、感受，讓本來就難度極高的磨合期更痛苦。如果你真的很喜歡這個對象想長期交往的話，請等到穩定期再做出承諾，雙方夠了解彼此能夠一同生活，再許下承諾吧！

那萬一在熱戀期女方很天真地跑來問你「會不會愛我一輩子？」這類的問題時，千萬不要搬出這套道理跟她理性溝通（更準確點來說幾乎任何時候都不要跟戀愛中的女生理性溝通，因為沒有用），盡量用幽默的方式帶過去，如「我只打算愛妳到99歲而已耶」、「這麼快就想跟我定下來妳不怕後悔嗎？」等等開玩笑的方式逗她開心，然後盡快轉移話題。如果失敗的話就只好正面誠實回答她，說「我現在還沒有百分之百的把握給妳一個幸福的將來，抱歉我還沒辦法做出承諾」，用這類的話來誠實回答她吧，基本上都會過關的，但同時她也會對你有更多的期待，請斟酌情況使用。如果你是打從一開始就沒打算經營一段長期感情的話，就不要給任何承諾，然後在熱戀期一結束就可以提分手了（相關技術請參閱磨合期的分手技巧），不一定要到磨合期吵架了在分手，這樣殺傷力會小一點。

　　對男性而言，我會建議在熱戀期積極進攻，和女伴發生性關係（當然她真的不想也千萬不要勉強，只要讓她知道你想要就可以了，或是宗教信仰因素例外）。第一個原因很簡單，因為這個時間點的成功率很高，熱戀期必定是兩人最火熱的時候，這個時候不發生性關係難道要等到磨合期吵架然後來個做愛和解法嗎？再來性愛本來就是情侶關係中重要的一部分（相關概念請參考戀愛的成本章節），熱戀期再加上恰當、歡愉的性愛加溫，絕對能讓你們火熱的感情更上一層樓，讓雙方更有情人的感覺。最後一點是，女生面對性愛時所需的成本比較大，扣掉嫖妓、包養、約炮、一夜情等等特殊狀況，如果這個女生願意和你做愛，幾乎可以確定她是真的想認真談這段感情，如果她不願意付出這項成本，代表她可能還沒完全準備好，也有可能只是用理性再跟你談感情或把你當帳面上的男友，但也有可能是因為她很保守而已。簡而言之，單純站在男性的利益面來講，熱戀期發生性關係，對男方而言是比較有保障的。

　　當你成功和女友發生性關係之後，有件非常重要的事一定要做，**那就是給予回報，而且是用女生喜歡的方式**，你喜不喜歡不是重點。好比說陪她去逛街、帶她吃美食、來場浪漫純情的約會、隔天突然說很多甜言蜜語、給她寫張小卡片準備驚喜小禮物等等，不一定要很貴重很正式的去回報她，重點是一定要有一件讓她真正感到開心的事，在性愛之後發生，一段長久穩定的關係一定是兩人相互為對方付出，一個

女人心甘情願和一個男人做愛，幾乎是她能做到最大程度的認同、付出了。因此你一定要予回饋，特別是她不想做但你很想，她單純為了你而配合，這種情況一定要事後好好補償她，如果是兩人都想或她想要你還好的狀況，十次裡面有七次做回報，這個比例讓你偶爾偷懶一下還說得過去。

　　熱戀期有幾個很重要的小功課要做（其實在曖昧後期就可以開始做了），就是養成做筆記的習慣，最最基本的就是她的飲食偏好了，愛吃什麼不吃什麼一定要記住，很簡單但也很重要，連這個都記不住我也幫不了你了。接著是她的生理期28天你也要大概知道一下，再來是每當你們共度一場開心的約會之後，**一定要把約會發生的事情記錄下來**，不論是紙本或電子檔都行，而且越詳細越好。如那天她穿什麼樣的衣服、去了哪間店點了什麼、你們聊了什麼、她說了什麼話等等，女人是非常在乎細節的生物，面對自己的情人時再細微的事情她都有可能會記住。我們男生比較豪爽，很難記住這麼細膩的東西，然後有趣的是女生會以對往事記憶的細膩程度，作為男生有沒有用心、夠不夠愛她的標準之一。

　　男生如果不刻意去做筆記的話，往往會被判定不夠用心，再者，這份紀錄你們美好回憶的筆記可能是未來磨合期的救命筆記本，救命筆記搭配上「心錨」的技巧，可以緩和吵架時的火爆氣氛（具體技巧請參閱磨合期章節）。因此，熱戀期時請認真作筆記，未來三不五時拿出來翻一翻，看看

過去有哪些美好回憶。戀愛中的女人是非常喜歡問男方問題的，比如最常見的你為什麼愛我？最好提早準備好答案，以免女生哪天問你卻答不出來，那可就尷尬了。還有一個東西值得記錄，就是此時你發現你跟她有不同的想法、價值觀的部分，熱戀期是大腦最笨的時候，連這個時間點都有辦法發現的不同，未來磨合期有非常高的機率成為你們吵架的點，先做好心理準備未雨綢繆，或是好聲好氣的直接跟她溝通，先講清楚以免日後誤觸雷區傷害更大。

再來就是跟她的好姐妹甚至她的家人打好基本關係，不需要到非常熟甚至姐妹也愛上你的地步，只要跟她的姐妹有基本認識，至少讓她們不討厭你就好。遇到她姐妹時就保持禮貌簡單寒暄，她的家人長輩就少說多聽，保持禮貌謙遜乖乖的晚輩形象，大部分長輩都喜歡這樣的年輕人。女人的對話量絕對超乎你的想像，她們無時無刻都在溝通交換訊息，萬一她的姐妹討厭你，每次她們聊天都在說你的不是，久而久之你的情人勢必會受到負面影響，更不用指望未來磨合期吵架能借助她們的幫助（相關技巧請參閱磨合期），甚至吵架後她們一起說你壞話，想不分手都難阿！

還有一些難度比較高的功課，第一個是搞清楚她到底為什麼喜歡上你，當然不是直接問她，是要靠你自己想出答案，問出的答案恐怕只能參考用。知道答案的好處是你可以持續保持這個讓她愛上你的魅力、行為特質。例如你玩樂團

的樣子很酷、認真工作領導同事的樣子很有魅力、非常照顧朋友，你就一定要繼續玩樂團、認真工作、繼續和朋友們良好互動，不可以整天只想黏著她變成一個沒魅力的人。保持良好個人魅力大大有助愛火的延燒，以及降低她愛上別人的可能性，以及未來吵架時你趕快去散發這些魅力特質，也能緩和爭吵時濃濃的火藥味。

第二個功課就是在熱戀期就先告訴對方你心裡最痛、最不能被挑戰的底線。比如說你最不能接受別人瞧不起你的藝術作品、或是在父母面前讓你沒面子等等，在熱戀期就先就告訴她，如果未來有一天我們吵架了，請不要攻擊這個點，這會讓我徹底抓狂。但這項功課很仰賴自我了解的深度和自我揭露的能力，不見得每個人都做得到，但如果有辦法做到這點，可以防範未來吵架時對方不小心踩到你底線的情況。這種不小心踩到對方底線的狀況一旦發生都是非常嚴重，涉及到分手的，因此請盡量避免這種悲劇發生。如果真的做不到也請事前告訴對方你的小缺點或獨特、不容易被他人了解的想法或活生生活習慣，比如說進入戀愛狀態的你會變得很黏人很像小孩、生氣的時候常常無法控制音量這類的，和聊天技巧裡的預告法一樣的道理，先講清楚讓對方有點心理準備，等到狀況發生對方才比較不會被你嚇到。

04 磨合期

　　兩個人最初會相愛往往是具備不同的特質，對這些相異之處產生好奇心進而被吸引，但有趣的是到了磨合期，這些不一樣往往變成雙方相處最大的障礙。磨合期絕對是愛情歷程裡面難度最高的一部分，而且只能靠後天努力學習，才有可能度過這關。如果你先天條件很好或非常有天分學得快，在曖昧期跟熱戀期或許可以暢行無阻，**但磨合期沒有任何人能靠天分度過**。人相處久了包裝自然會慢慢脫落，用本質見人，前面所學到的技法在這裡效果非常有限。

　　如果要用一個詞表達磨合期的核心概念，那就是「**尊重**」了，其實很多時後吵架都不是在吵表面上的小事情，而是氣對方居然不懂我、有跟我不同的想法或是溝通時口氣太差。我們都很自然地以為對方是最了解自己的人，但世界上沒有兩個一模一樣的人，更何況是男女兩種截然不同的生物。兩個人要在一起生活，一定是某種程度的折衷，會失去一小部分的自我，所以大家一定要先做好心理準備，面對伴侶各種大事小事、價值觀、生活習慣的不同，不要期待你們是天生一對、對方遠永都了解你，萬一有了錯誤的期待，只會讓雙方更痛苦罷了。

■人際關係中的負能量球

　　觀察情侶吵架時總能發現一件有趣的事情，女方說都是男生先開始怎樣怎樣，男方就會反擊明明就是女生先幹嘛幹嘛的，雙方都認為是對方先起頭、是對方的錯，那事實上到底是誰的錯呢？不要問我我也不知道，反正這件事根本不重要，知道了也於事無補，重點是如何停止爭吵吧！

　　人際互動永遠是雙向的，彼此都有能力影響對方，其中有一種叫負能量球的東西特別有殺傷力。它是一種先入為主的思維概念，會影響到個體的行為，這個帶有偏見的想法會惡化彼此關係，甚至讓那個不正確的概念成真。假如我聽朋友說某甲這個人很難相處，我就先認定某甲人很糟，遇到他時態度都不佳，某甲見到我這樣覺得我這個人很討厭，對我的態度會更差，然後我就更加肯定某甲真的是一個很難相處的人。

　　情侶關係也常有這種現象，一方丟出一個小小的負面想法，覺得對方這次選的餐廳不太好，此時就先丟了一顆小小的乒乓球給對方，對方覺得不被伴侶信任、不被看好，心情自然會差，一路上碎碎念覺得不被尊重，乒乓球變成棒球被丟回來。結果好死不死這家餐廳真的不太好，吵的更激烈了，棒球長成躲避球砸了回來。隔天兩個人又帶著壞心情不自覺的又開始吵架，此時負能量球已經長成保齡球了，兩個

人拿著保齡球互丟，能不出問題嗎？互相攻擊久了，這段關係就很難維持下去了。

要接住一個乒乓球是非常容易的事，但如果放任負能量球成長，變成一顆保齡球飛過來，就非常難處理了。走到這個地步，兩人關係往往只能用悲劇收尾了。最好的方法還是在負能量球剛開始產生時，就立刻進行「停球」的動作，只要球還小，停球動作並不困難，向對方認錯、退一步、轉移話題或哄對方開心都可以，重點應該擺在維持雙方關係，而不是爭辯誰對誰錯。至於停球這個動作該由誰來做呢？理論上一方先發現負能量球就該立刻進行停球動作，但實務上還是建議由男生負責停球。戀愛中的女人是非常感性的，而且她們戀愛成本比較大，男生又相對理性所以請暫時放下面子，顧全大局去解決問題吧！女生天生細膩感性，她們在乎的往往不是事實而是感覺，退一步、說點好聽的話讓她們心情變好，事情往往就解決一半了。其實這個現象不只出現在情侶關係中，任何形式的人際關係都存在負能量球現象，所以請把這個觀念記熟，去當一個停球者，這會讓你的人際互動更加順利，當一個人緣好、受歡迎的人，對任何形式的人際關係都大有幫助的。

另外再補充一個男女通用的人際相處技巧，在與人互動相處時，不要輕易地給予好壞評價。畢竟每個人的價值觀都不相同，輕易用自己的主觀價值去批判他人行為或是想法，

會讓人非常的不舒服，就算你是對的對方也不見得想聽，因為站在對方的立場他只會覺得他是對的，你倒不如什麼都不要講。就算你真的很想講，請用提供意見，或分享感受、看法的心態去和對方說，不要直接告訴對方你這個是不對的、不好的，然後開始長篇大論講自己的意見看法，叫他用你的方法做事，他只會覺得你多管閒事愛出風頭而已。除非你在對方眼中是個權威性的專家或是他主動開口問你，你再開口跟他說就好了。不要一股腦只想表達自己有多厲害，也要去考慮對方想不想聽、聽得懂聽不懂，這也是真正有本事有能力的人才有的行為表現，因為多講自己也不會變得更厲害或從對方身上獲得好處，何必多此一舉浪費自己的時間呢？

■女生批評你要懂得感謝

　　身為男性同胞，我可以了解被喜歡的女生讚美時心裡有多麼的開心，尤其是她們露出崇拜眼光在你身旁撒嬌時，絕對是樂翻天了。我們天生就是享受當大爺、占有主導權的感覺。相對的，當女人責罵、批評你時，我們男人強烈的自尊心鐵定難以忍受，但是，親愛的男性同胞們，當女生具體說出你的缺點、提出實際改變方法時，一定要心懷感謝，務必好好珍惜這個機會做出改善。如果你有過戀愛經驗，一定曾碰到這種問題，女生發脾氣不開心，你問她怎麼了發生什麼事？我做錯了什麼嗎？她卻跟你講沒事，接著你開始用猜的，是不是XXX讓妳不開心，她卻說不是你根本搞錯方向、你根本不懂我，那到底是什麼事？她就是死都不說，兩人的負面情緒都越變越強烈。

　　女人為什麼會有如此古怪的行為呢？有時候不是她們不想說，有時是連她們自己都不知道原因。女人可是非常感性的，情緒一上來很難理性思考，她只感覺到她很不開心卻不知原因，再者就算她們知道原因，也不一定會說，因為女人腦袋裡先天有一個很奇怪的機制，叫「我的情人最懂我」系統。她們會先入為主的判定她的男友、老公是世界上最懂她的人，女人心裡有任何的不愉快，她最愛的情人一定會知道原由（但實務上我們往往不知道）。如果我們不知道她心裡到底在想什麼，這個系統會立刻警鈴大響，告訴女人他可能

不是好的情人，因為好的情人應該會懂我！這個時候你的麻煩就大了，這個系統只要警報過一次，就會像說謊一樣留下長久的感情裂痕，因此當女人說出你根本不懂我時，問題嚴重程度可是涉及到分手的！請一定要好好用心處理。

那當你遇到這種問題時該怎麼處理？最根本的方法當然是你真的知道她在不開心什麼，但我承認意義上懂對方真的很難，但你至少要讓她感覺你好像懂她，大部分狀況可以參考下列兩種方法：

1. **轉移法**：概念上很簡單，用各種方式來轉移話題就對了，如用各種幽默開玩笑的方式逗她開心哄她，像你可以說妳生氣的樣子和鄰居的狗狗好像，真是可愛、奇怪妳生氣的樣子怎麼特別美之類的，或是你有什麼特殊才藝表演，立馬開始唱歌跳舞給她看，或給她她喜愛的東西來讓她心情變好，進而蒙混過關。如答應帶她去最愛的餐廳、陪她去逛街等等，反正能讓她心情變好就對了，基本上愛情裡面你只要讓女生維持好心情你就成功70%了。

2. **情感同理法**：放棄尋找原因這種理性思考模式，完全著重情感層面來處理問題。你可以問她妳現在是不是覺得XXX，這邊就看不同情況填詞，可以是生氣、悲傷、失望、疲累等等（如果猜錯感覺，就誠懇地請

她告訴你她當下的感覺），注意一定要是某種情緒感受，而不是針對事情，如果用詞恰當她會回答對我現在就是這種感覺，你再回答「我很抱歉讓妳有這種感覺，但我真的不是故意讓妳不高興，我真的希望妳每天都開開心心的」。這邊一樣可以用不同文字來表達同樣的意思，先對她感受到的負面情緒表示遺憾、難過，再表明你並不希望這種事發生，最後為沒能為她帶來正面情緒做個小小的道歉。雖然你沒有真正搞清楚她到底在氣什麼，但你至少同理她的情緒並表示遺憾，起碼讓她覺得你有跟她站在同一陣線，比起吵架講道理更有用，可以緩和爭吵時濃濃的火藥味，此法在磨合期吵假時也非常好用。

再從「我的情人最懂我」系統做一個延伸討論，或許會有人覺得女生提分手總是來的非常突然，莫名其妙爆發說你根本什麼都不懂，堅持要分手。是的在男人的角度來看事情就是這樣，事實上呢，只要女生曾經認真看待過這段感情，她基本上不會因為單一事件瞬間就跟你鬧分手。會提分手一定是問題日積月累造成的，而且她也有給過你機會，只是女生給機會的方式非常奇特、委婉，男人往往察覺不到她的不滿以及包容，然後「我的情人最懂我」系統又會開始作祟，覺得給你機會你都不知道，真的不懂我，最終走向分手之路。請你仔細回想和女友或女性朋友相處的經驗中是否有這樣的情形，你做了某個決定或想做某件事，她們嘴上說

「好、沒問題、可以」，但表情就是有一點怪怪的，或是語調有點不自然，又或者沒有明確拒絕，在那邊吱吱嗚嗚「可是⋯⋯、我覺得阿⋯⋯、其實阿⋯⋯」又或者說「好啊，你去做吧，反正我也沒權利不讓你去」等等這類的話，其實她們就是在給你機會了，她們在期待你發現她們內心真正的想法。

這裡有一個很重要的觀念要給大家，如果你只會照著女生字面上的意思照做，你的陣亡率是百分之百。女人真的是很奇妙的生物，有時候她想表達的真的是字面的意思，有時候故意說反話考驗你，有時候說話的當下她真的這樣想，但五分鐘後又改變主意了，有時候根本沒動腦就是發脾氣亂說話而已。男人一定要有自我意識，用自己的大腦判斷她想要的到底是什麼，女人講的話，參考就好，你必須養成主動思考的好習慣，用自己的思維去做出你覺得合適的處理方案。如此一來就算你想出的方法不完全照她心裡期望的，女生也會覺得至少你是個有主見、不會隨波逐流的人，比起只會唯命是從沒有想法的男人優秀多了。

稍微具體、常見的例子就是購物逛街時問你哪個比較好看，逛街可不是行軍四、五個小時而已那麼簡單，這是一項消耗腦力、體力的運動，她們非常愛問你覺得哪個好看，這完全就是個陷阱題，她其實根本不在乎你喜歡哪個，她只是想看你知不知道她比較喜歡哪個。如果你傻呼呼回答自己的

意見或是誠實回答看起來都一樣，就等著看她鬧脾氣吧。比較正確的操作應該是這樣，一進到店裡你就要開始觀察她的目光集中在哪，通常看越久就是越喜歡越有興趣，再來是聽她挑選過程中不經意間說出對商品的感想，如這個顏色很好看耶、穿這個感覺會變高，這個時候你只要把她剛剛說的話換個方式講就行了。如這個色系比較適合妳、妳穿這個腿看起來比較長等等，她們就會覺得你懂她了，讓你在她心中更加分，所以一定要把這個小技巧練習好。

有時候女生會想從事一些活動是你不喜歡的，比如說去夜店、見前男友等等，此時你心裡肯定不好受，**但只要是她主動報備的，不會造成人生安危的，就請一定要讓她去**。首先她告訴你她想去做什麼，代表她此時此刻最想做的就是那件事，而不是跟你約會，她興高采烈的跑來跟你講，你卻生氣禁止她去，無疑是潑她一身冷水，她的心情又要變壞，你又沒好日子過了。而且是她是主動報備的，她還是有把你這個男友放在心上，真正可怕的是自己偷偷行動，那才是真正危險的事。這種情況實務上較合適的操作是這樣的，你不阻止她去，但你要告訴她你其實不喜歡她這樣做，因為這樣會讓你有XXX的負面感受，這邊同樣視情況填詞，沮喪、生氣、不滿都可以。

但不能因為你這樣說了之後，就強迫她一定要乖乖聽你的話，一樣用期許她願意為你改變主意的心態，並把最後的

決定權留給她，如果她最後還是要去，千萬別惱羞就讓她去吧！男生這樣的行為表現可以突顯自己是有氣度、有地位有包容力，面對如此優秀的男人她要劈腿的機率是非常低的，而且有時候女生會故意做你討厭的事來試探你有沒有在乎她，比起用禁止、發脾氣的方式表現你在乎她，倒不如用這種尊重的方式，能更有效彰顯你的寬闊的胸襟和對她無私的愛。

■衝突時的處理辦法

相處久了不可能每次衝突都能漂亮化解掉，先來講講動怒吵架時如何處理比較好。首先在這個雙方情緒都很糟的時間點，建議把說話速度放慢多爭取一點思考的時間，策略以穩定情緒為主而不是爭論是非。而且不要在這個時候做決定或給予精確的回應，畢竟這個時間點不能保持理性往往多講多錯。

一個萬用的小方法如下，當你發現你的情緒真的控制不住了，就跟她講「我現在的情緒真的太糟了沒辦法理性溝通，我需要暫時靜一靜，我怕我衝動亂說話會傷害到妳」，然後就瀟灑的轉身離開吧。如果她堅持要立刻講清楚，也不要理她堅持己見，另外你要先確保該地點女生能安全回家，不行的話就加一句我先送妳回去吧，然後路上不要多談保持沉默。如果你發現是女生的情緒失控了，這招同樣也很好用，但千萬記得要說是自己情緒失控，然後演出很生氣的樣子，別傻呼呼說妳情緒失控了，保證只會讓她更生氣。還有一點是在情緒安撫階段建議減少肢體接觸，以語言溝通為主。真的吵很兇的當下，她對你的觀感可能暫時變得非常差，換做你被討厭的人觸碰身體也會覺得很不舒服。就算要肢體接觸的話也請純情、溫馨的方式如簡單擁抱摸頭就好，不要帶有性欲挑逗的方式去觸碰她，不要以為可以用做愛和解法來解決問題，這完全是男性化思考的方法，如果今天是

女生惹男生生氣還可以考慮使用，但今天是你惹女方生氣所以不行，請千萬記得。

　　還有一個叫心錨的方法可以緩和激烈爭吵的情緒，但這很仰賴你熱戀期有沒有做好救命筆記。這個方法的概念簡單來講是這樣，你刻意去強化當初吸引到她的魅力特質，或提起過去你們曾經很美好的回憶，盡可能讓你們的互動方式像以前熱戀期那樣美好，讓她想起過去愉悅的回憶、情緒，來降低爭吵時的火藥味。比如你可以說「妳知道我向來都不愛吃義大利麵的，直到妳帶我去妳最愛的那家餐廳，親手餵我，我才覺得義大利麵好吃。但我們現在這樣，讓我覺得非常害怕，害怕再也吃不到好吃的義大利麵了」。當然這樣的故事不可能瞬間講出來，一定是事前準備好的，就像事前準備好女生愛問的問題一樣，所以平時一定要乖乖做好功課，才能有助於經營感情。

　　等到雙方情緒都比較穩定時，該由誰主動開口破冰呢？當然是男生啦，而且最好是由你主動先道歉再去溝通（就算真的是她的錯，你還是得想個理由說是你的錯，如你的口氣太差），比起面子能夠讓她消氣緩和情緒比較重要。另外做個提醒，其實不見得要等到大吵了才去道歉，你一旦發現她們的反應有點奇怪、有點不開心有任何小狀況時，就去道歉處理免得負能量在她心中一直累積，遇到小爭執時應立刻去回想剛剛是不是做錯了什麼讓她不開心。想不到也隨便說一

個，最簡單萬用就問她說是不是身體不舒服，妳才不開心的？這樣她會有相對較高的機率說出她不開心的原因，因為這種方式比起直接問她妳在不高興什麼啊？更能展現你真的有用心思考過有在乎她，而不是想也不想單純的丟出一個問題、讓她覺得你根本不懂她，讓她更不開心，兩種類似但不同的問法是會產生完全不同的結果的！

女人對於細節非常講究，這方面記性也很好，不要以為犯小錯之後船過水無痕，**你做過的蠢事她絕對清清楚楚記在腦海裡，只是在看你什麼時候來道歉，而且她們絕對不會明講出來**，欠得越多對你們的關係越不好。另外做個提醒，如果道歉成功她也口頭原諒你，**別傻乎乎以為這樣就沒事了**，她雖然嘴巴這樣說，不見得百分之百都不氣了，凡是你犯過錯、吵過架一定都會在她心裡留下痕跡，現在說原諒可能是你誠心道歉或當下她不想跟你吵，如果過兩天你又做錯事或是她心情不好又開始翻舊帳，你也無能為力，此時不要覺得她莫名其妙而生氣吵架，應該要再次道歉並哄她開心。以我個人的經驗法則來說，建議在吵架完並且口頭和好後，往後推算一個禮拜之內，都要好好注意自己的言行舉止，安分點別做再錯事，並對她好讓她開心，不然都有可能再度想到你過去的錯而生氣吵架呢！

在第一時間順利避免爭吵後，最後還是得面對兩人的價值觀想法差異，此時建議回頭複習曖昧期男人應有的氣度

章節。一樣的道理，還是不建議發脾氣用罵的方式，通常只會讓事情更糟，慢慢平靜用講的就好，並事先把想說的話經過包裝，避開可能造成憤怒的用詞或帶有情緒性的字眼。事前一定要在腦海中多次排練該如何跟她溝通，並且你要清楚的知道目的是溝通而不是跟她吵架，如果不先準備藉直接把真心話直挺挺的講出來，很容易又開始爭吵。這邊再次提醒愛情是非常感性的事，也不能理性分析跟她講道理，**女人的感覺就是她們的現實，她們有時候想法就是跟我們不一樣，你不見得要真正了解、認同她們的想法，只要尊重她們就夠了**。既然你知道某些行為會讓她不開心，你不要那樣做問題就解決了，戀愛最重要的是快樂的感覺，不是事實真相、公不公平、合不合理，務必要把這個正確的觀念銘記在心。

如果你真的想改變對方的思考方式或行為，一定要挑雙方情緒較平和的狀態下，用講的而非問題當下破口大罵，在情緒暴走失控的狀態下任何人說話都是不經大腦的，只會一次讓兩個人受傷。問題剛發生的當下勢必很想罵人，就算真的是女生的錯，也請忍住，罵了絕對不會比較好。其實只要沉默擺出臭臉，就足夠讓對方知道你不爽了。戀愛中的女人其實非常玻璃心，會把你的話看的很重，不要輕易否定女友，特別是她很努力、看重的事情，就算她真的做不好失敗了，她的心情想必很糟，她不需要理性的意見，而是情感上的支持。可以的話幫忙她解決問題吧！溫暖的告訴她寶貝沒關係，這個交給我來處理就好。沒辦法幫的話也請給她安慰

哄哄她，告訴她沒關係妳已經很棒了，有我陪妳，下次做好就可以了。

男生大腦比起女生更加理性，更適合擔任「問題解決者」，在考量到女生獨特感性思考的前提下，務必動動你理性的大腦找出最佳的解決方案。女生可能是基於戀愛成本非常大的因素，很容易變成「問題發現者」，稍微察覺一點不滿意就會提出來希望你解決、改善，這也不是她們的問題，畢竟人家是冒著生命危險來談戀愛的，如果男人再不擔任「問題解決者」來處理兩人間的摩擦、紛爭，那這些問題到底要由誰來解決？問題一多保證兩人有吵不完的架，強烈建議你順著她的思維，去把大事化小事，小事變沒事，只要她的做法不會傷害到他人、對你造成嚴重的困擾，就別管是非對錯做就對了。當然要成為一個大氣有包容力、不輕易動怒的優秀男人是件非常困難的事，不過一旦你練成這種修養，在女人眼裡必定充滿魅力，請把磨練脾氣當作一輩子的訓練課題吧！

還有種狀況是女生自己遇到不開心的事來找你抱怨，她不開心的原因本身和你沒有直接關係，還記得曖昧期的時候，這種狀況建議找個正當理由婉拒，但現在你是她情人很難完全躲掉。當然能找個合理又正當的理由閃人最好，讓她去找姊妹們抱怨就好，躲不掉的話還是得聽她抱怨，此時有個很重要的概念，**你要學會判斷女生是情緒性發洩還是理性**

的尋求解決方案，兩種情況的回饋方式是截然不同的，你必須依照她的需求給她幽默輕鬆或理性實際的答案，否則會造成更大的問題。

這個觀念不只在聽女生抱怨時適用，平時和女生聊天或吵架的時候都需要使用，例如聊天不是談正事就發揮創意胡亂聊沒關係、吵架的時候她可能一時情緒上來，說話都很難聽你就左耳進右耳出就好。判斷女生是發洩情緒或真的要解決問題的方法其實不難，情緒發洩通常都是抱怨某些人或是訴說自己的看法感受，當講她自己的想法意見時就順著她或站在中立立場，這類型的開頭通常是「我覺得……非常怎樣怎樣、那個……感覺很怎樣怎樣」，此時千萬不要逆著她的觀點或看法，那樣會讓她不開心。而抱怨人的話跟著她罵幾句準沒錯，但也不是瘋狂謾罵顯的你是很沒水準的人，只要讓她知道你是站在她這邊的就好。另外還要看這個人是不是你日常生活會遇到的人，會的話可要好好拿捏力道了。

而尋求解決方法就看她有沒有問你問題、這個問題有沒有具體客觀的解決方式、答案。比如說這個軟體要如何操作？這類活動誰有主持經驗？預算應該多少等等，此刻再理性的幫她尋找解答就好。其實多數時候女生都只是情緒發洩而已，但我們男人往往習慣理性分析想去解決問題，很容易讓女生覺得你不懂她，因為有些事情就是沒有標準答案，只是她個人主觀的情緒、看法而已，就跟著她聊感覺就好，真

相是非對錯都沒那麼重要。畢竟女生也不是笨蛋，是非對錯她們自己心裡有數，不需要你來講，你只需要講她們想聽的，讓她們心情變好就可以了。

再次提醒，當女生的某些行為讓你感到困擾、價值觀不合時去，跟對方分享你的想法、觀念、感覺是怎樣就好，不要去強迫對方接受你的價值觀或做法。男女本來就不一樣，能夠和平相處就足夠了，若你真的想改變她們的話，多用鼓勵讚美的方式成功率較高，比如說「我知道你這樣做是為了我好，謝謝妳，但如果下次你怎樣怎樣做，我真的會非常開心」。但這邊你必須有一個非常重要的心態，**你只能期許女生會因此改變，而不能強迫她們改變**，和曖昧期跟女生相處時一樣不要有得失心，目的感很重會讓她們很有壓力，你也過得痛苦。她們肯為你改變那就恭喜你了，她們改變後你也一定要用她們喜歡的方式給予回饋，要是她們不願意，你也無能為力，**男人終究是無法改變女人的**，不要因為你無法改變她，就充滿挫折感。如果好好講她都沒有改變你也真的忍受不了的話，就剩下分手這條路了（相關技術請參閱分手技巧章節），換對象不見得是壞事，別被不適合的人擾亂了你的生活！

如果吵的比較兇進入冷戰，有個小技巧可以使用，就是借助她的好姊妹或好友們帶口信，讓她知道就算你們吵架了，你還是很在意她，前提是你跟她們關係不能太差。這個

方法不是要你和她的姊妹長篇大論你們的狀況或是請她們幫你說好話，這樣只會有反效果，很簡單的問一下她的近況輕鬆寒暄就好。比如「這幾天剛好都沒空陪她，她這幾天過得怎樣呢？」，甚至不用提到你們吵架冷戰的事，反正她的姊妹一定知道你們吵架了。如果她姊妹提起你們吵架的事，你就回答「小吵而以不用擔心，但不要告訴她我再問她的狀況」，然後轉移話題閒聊，**然後她的姊妹就一定會告訴她你在關心她**，很神奇吧越是告訴她不要講，她就一定會講，或許女人之間的八卦就是這樣來的。

如果是有其他追求者喜歡你的情人，或是疑似有小三該如何處理呢？這種時候千萬不能動怒，先發怒的人基本上就輸了。最聰明的辦法就是不要把這件事看太重，繼續你原本的生活不把第三者當威脅，你可以讓另一半知道你不喜歡這個第三者和她走太近，但不會干涉她交友的權利。如果你直接發脾氣吵架禁止她跟其他男生來往，就凸顯了你沒自信、心胸狹窄，而她和第三者相處是有新鮮感且愉快的，不就是你自己讓她覺得跟第三者再一起比較快樂嗎？所以切記一定要展現你的氣度，讓她自行選擇到底誰比較好，這才是一個優秀有自信的男人會做的事。如果你真的很擔心的話，可以回頭翻翻熱戀期的救命筆記，用心錨技巧或是強化當初吸引她的魅力因素，讓你們再次升溫。用這種正面的方式提升自己的魅力，才能有效把女生劈腿的機率降到最低。

　　假如真的吵得很兇，女生主動提出分手而你不想分，此時切記千萬不要用哭鬧、苦苦哀求的方式求她留下來，這只會讓她覺得你不夠Man，讓她更想分手。這種情況應該要淡定的面對，因為她有可能只是一時衝動脫口而出，你就從容不迫並誠懇地告訴她「這陣子我們真的都累了，我們先各自休息三天好好冷靜思考，再來決定要不要繼續再一起吧！」。如此不急不徐的態度才不會讓她覺得是她甩了你，可以讓你多取得一些主導權，然後三天內完全不要跟她聯絡，把她電話訊息全部靜音，先好好照顧自己的心情，如果三天內她主動聯絡甚至主動表示要複合，一樣先不要理她假裝沒看到，分手是一件很嚴肅的事，這麼隨意的說出口又輕易的被原諒會顯得你過於軟弱，日後一但她不開心就拿分手來打壓你，對長期關係而言非常糟糕。

　　然後等到第四天聯絡時也不要馬上切重點，先冷靜平穩寒暄像是這幾天有出去玩嗎？或跟她分享這幾天你做了哪些休閒活動等等，慢慢聊自然而然就會討論到要不要分手。不要讓她覺得你很著急想知道答案，當個沉穩優秀的男人才能讓分手的機率降到最低，但如果最後她還是選擇了分手，也千萬別勉強她留下死纏爛打，就瀟灑地跟她說再見吧，這樣在她心中你還是有一定地位的，日後真的要挽回成功率也比較高。另外一種狀況是，女生很冷靜的提分手，不是在吵架當下情緒激動時說出口，此時操作方式跟前面完全一樣，但說實話這種情況的分手機率會高很多，她會冷靜的說出分手

代表她已經仔細思考過了，你勢必要做好心理準備，準備好
分手後的療傷歷程了，等你順利度過這痛苦的療傷期，振作
之後再用後續分手挽回技巧重新跟她再一起吧！

■女生劈腿，到底是誰的錯？

相信大家或多或少都有聽過身邊的男生朋友，說著他心愛的那個她，居然跟背著我和某某某再一起，真的不敢相信我對她那麼好，怎麼會這樣對我呢？這一天到晚上演的爛戲碼，可能還有部分讀者親身經歷過。對於女生劈腿這件事，你曾有思考過，問題真的完全出在女生身上嗎？這裡先開門見山的講出答案，如果一個女生劈腿，**至少有60%是男生的錯**，是的你沒看錯，那個被甩掉、獨自流淚喝酒的可憐男人，居然是錯的比較多的那個？

各位男士們我們來做個想像練習，想像你今天和你心儀的完美女神再一起了，你會有任何劈腿的念頭嗎？基本上根本不可能啊！光是開開心心的跟她整天甜蜜再一起就來不及了，哪有時間去劈腿偷吃呢？同理，女生也是一樣的，當她遇到一個真正適合她、她真心喜歡的優秀男人時，她同樣不會選擇劈腿。然而如果今天一個女生真的劈腿偷吃，或是和別的男生無縫接軌在一起，代表她的前任一定有什麼地方讓她不滿意，而且各位千萬要記得，女生談戀愛的成本相當大（詳細內容請回顧戀愛的成本章節），特別在社會心理層面，女生劈腿被抓到，她的前任有絕對的理由、權利去責罵這個女生是多麼的糟糕、多麼壞，這話在朋友圈傳開，對這個女生的殺傷力絕對非同小可，她往後的日常生活必定會遭受到許多的負面評價影響著。

但是今天，**這個女生願意承擔這些風險，劈腿去尋找自己的幸福，你可以想像一下這個前任男友是有多麼的不及格嗎？** 這話很震撼也很殘酷，但卻是事實，女生一旦劈腿，是需要冒著被眾人唾棄的高風險，想必她當初在做這項決定時，內心必定是非常煎熬的。而迫使她走上這條危險道路前男友，就沒有錯嗎？就是單純的受害者嗎？女生的劈腿絕對不會是一瞬間造成的。女生和男生不一樣，戀愛成本很高，很難輕易劈腿放下一段感情（類似股票被套牢的概念，賣出就是認賠了，所以繼續留著期待它會漲回來），因此女生的劈腿一定是男女之間的長期相處出現問題，而男方一直處理不當甚至是沒有發現問題，一直累積到最後爆發出來，造成女生劈腿的悲劇。

如果今天很不幸的你是那個被壁劈腿的男生，想必心情一定是糟糕透頂，我深感遺憾，你會需要好一段時間處理你破碎的心靈。但千萬切記，在你治療好傷口之後，**要開始檢討自己過去的錯誤**，去回憶自己和前任相處的過程中，你有什麼做不好、沒有察覺到的事物，造成你們感情的裂痕，去改進這些缺點，並提升自己的個人魅力（相關技術請參閱曖昧期的男人該有的氣度部分），因為當問題是出在你自己身上時，你不去修正，只會讓同樣的悲劇再次上演，不需要去責怪女方，一來是造成她劈腿的源頭是你，二來是**責罵女生本來就是一件沒有意義的事**，對她破口大罵發洩完自己內心埋怨的情緒後，她會因此而從新愛上你嗎？她只會覺得你根

本不懂她，是個輸不起、心胸狹小的男人罷了，到不如瀟灑地離開，好好的照顧自己、投資自己，把自己變成一個更優秀的男人，順勢藉著這股悲憤的力量，改變自己，讓她後悔當初所做的決定！

■分手技巧

　　當你覺得真的覺得和對方不合無法忍受時，一個漂亮的分手可以降低雙方傷害，日後或許還能和平相處當朋友，我有親眼見過一個實例，男生想分手，但不知道該怎麼做，或是他不敢直接了當的跟女方說，他就採用冷淡不理女生，但名義上仍是男女朋友的方式，拖了好幾個月女方受不了才主動說要分手，搞得雙方身心俱疲，日後見面變得像仇人一樣。

　　如果你確定要跟對方分手了，就請堅定你的立場好好的跟對方說吧，當然你要做好心理準備對方可能會哭鬧苦苦哀求，此時不要心軟，不要給予太多的溫暖比如擁抱，會讓對方誤會，就誠懇的說句抱歉，然後視情況轉身離開或稍微陪她等她情緒比較穩定再離開。**重點是一定要堅定立場**，決定要分了就是要分，拖拖拉拉只會造成雙方更多的痛苦，如果女方問你分手的原因，就說沒有感覺了、我們不適合、不是妳的錯，只是我們有緣無分，這類模糊比較不傷人的說詞就可以了。就算你知道分手的確切原因，比如她變太胖、個性太差、難以溝通這類的，**通通不要講，因為講了也不會改變什麼**，你已經在磨合期努力過了，有些事情就是真的無法改變，講太明白只會給她帶來更大傷害，萬一她想不開傷害自己或傷害你，豈不是得不償失？女生跟我們男生不一樣，她們是可以接受曖昧模糊不確定性的，不用覺得講的那麼含糊

她們無法理解。如果在你確實表達要分手之後，女生還是一直纏著你，還是給她一樣的答案並且冷淡應對互動，並開始專心過自己的生活甚至追求其他女生吧，用這種堅定立場但不傷害的方式，過一段時間她就會明白你的意思了。

另外有種很特殊的狀況你可以考慮主動提分手，就是你們吵架吵得很兇感覺快要分了，但你其實還是想跟她在一起時，**你可以主動去提分手，之後再使用下段挽回技巧把她撩回來。**因為拖著吵架讓她主動提分手，潛意識裡會感覺你是被拋棄的，主動提分手的人掌握了主導權，如果還記得古典戀愛模式的內容，就一定知道主導權在愛情裡面非常重要，與其被分手倒不如主動點占據主導權，後續挽回技巧使用得當的話能夠增加成功率，但仍然有一定程度風險不保證一定成功，畢竟你們都已經走到很危險的情況了，最完美的狀況當然是不要進入這種高風險情境。

■分手挽回技巧

　　不論你是上述技巧性分手或是真的分手後才發現前任才是你的真愛，都適用這套概念下去操作，另外網路上有一篇分手挽回黃金7步驟也很不錯可以去參考他的技巧，這邊以大概念、心法為主來做說明。概念其實很好理解只是操作有其難度存在，**分手後就等於過去這段感情已經終止了，得從頭自曖昧期開始一段全新的關係**，是一段新的故事而非再續前緣，得從新把愛情5階段跑過一遍。

　　首先分手後情緒一定非常糟糕，第一步一定是好好照顧自己的心情，再把自己調適好前都不要跟前任有任何往來，不管她是結交新歡還是回頭找你都先不要理她，任何可能聯想到對方的事物能刪則刪、能藏則藏，並慢慢接受對方已經不是你的另一半，而是朋友甚至是陌生人的事實。直到你完全平復心情能夠以單純朋友、沒有強烈企圖心的狀態，再去找機會連絡她，如果在還是很崩潰的狀態下就去找對方，你可能還把她當成你的情人，用情人的方式跟她互動，站在對方的立場是非常奇怪甚至不舒服的，這種錯誤就好比曖昧期對她做了熱戀期才會做的事，特別又是這種分手後試圖挽回卻再度犯錯，就真的救不回來了。

　　確定自己情緒足夠穩定後，再去找機會和她重新接觸認識，試圖重啟當初的曖昧期，觀念上是一段全新的關係，建

議可以在自己的外表上做些改變，如換髮型或是新的穿衣風格。而具體行為基本上和之前曖昧期一樣，你依然要廣泛交友多認識不同女生、有自己的生活目標，或許你會遇到更適合的人，等到她開始對你釋出好感、曖昧訊號才慢慢把重心放到她身上。唯一不同的點是，你已經有了跟她交往過的經驗，已經很清楚她的喜好是什麼，這會是你非常棒的優勢，甚至利用之前熱戀期的救命筆記，用心錨技巧帶她到過去熱戀時相同或相似的情境，讓她想起曾經非常美好的回憶，但此時要小心操作，不要喚起過去吵架分手不好的回憶。

還有一個非常非常重要事情要注意，**盡量強化你以前吸引到她的優點，絕對要改掉以前造成你們爭吵的缺點**，你們當初會分手一定是你有些地方讓她不能接受（當然她也有些缺點讓你不開心，如果重啟曖昧期後，相處時發現她都沒有改變，你可要好好思考到底該不該復合了），你一定要改掉之前造成分手的缺點，那是問題真正的核心，沒有改變卻再次複合，等到新一輪磨合期你們一樣會分手。這點在平復好自身情緒後一定要好好思考，如果這些點你真的無法或不願意改變，那代表你們其實不適合，就千萬不要再復合以免雙方再次受傷。如果你成功復合也別大意，你們一樣會再次經歷磨合期，為相似或截然不同的事物吵架，但有了先前經驗，只要用心慢慢處理相信可以度過難關的。

05 友伴期

如果順利撐過磨合期的爭吵，接著應該會進入一段很平靜的感情狀態，會平淡到像好朋友、家人，愛情本來就不會是一個固定不變的狀態，相處久了太熟悉對方時，感情自然就會淡掉。友伴期的心理重心會從伴侶身上轉回自己，可能會開始想要有自己的時間空間，做自己喜歡的事和自己的朋友相處，此時伴侶對你不再有那麼強烈的吸引力，又或者伴侶沒有那麼想跟你黏在一起，這是非常正常的，畢竟愛情不會是你人生的全部，此時可以多花一點時間在自己身上，學會自己和自己相處。

你的生命中不可能有人隨時能陪伴你，如果當你一個人獨處時就會陷入恐慌需要人陪，你身邊的人會非常的累，**你必須學會自行處理人生中的空虛**，人生七八十餘年真的是很漫長的旅程，忙的時候恨不得時間多一點，但時間過多的時候又充滿空虛、沒有意義感。因此追求**理想中的生活**就非常重要了，注意是「生活」而不是「夢想」，現在多數正面、激勵人心的演講、文章都是在鼓勵人們追求夢想，但夢想比較像是「一次性」的目標，譬如環遊世界、贏得某某競賽第一名，買房買名車等等，它是純然的喜悅，達成的當下當然很開心，三天後也還開心，但一個禮拜、一個月、一年之後

呢？喜悅恐怕早已不再，但生活仍然繼續，你要人生當中永遠都是快樂高潮，那是不可能的事。

因此我個人不鼓勵追求夢想，我鼓勵去追求一份你喜歡且實際可行的生活模式。生活一定有它辛苦的地方，它會一直伴隨著你直到生命結束的那天，但你卻能享受這樣有歡笑有淚水的生活，從中體會生命的喜悅。那麼理想的生活到底該有什麼？這因人而異沒有標準答案，有人需要住大房子、天天吃龍蝦牛排，他才覺得稱得上是生活。有人吃滷肉飯就夠了，但他一定要每周去爬山不然算不上生活。有人覺得讓他的家人朋友過得開心就算是生活了。至於對你而言理想生活是什麼？也只有靠你自己實際去接觸不同的環境、工作、朋友、休閒活動後，自己去找出答案了。

雖然此階段的重心是自己，不代表不用花心思在伴侶身上，你可以和對方分享你追尋理想生活的過程，或是有什麼新的想法，說說你未來有什麼新目標、有什麼想做的事。新的事物、生活模式絕對可以為你們的關係帶來新奇感。另外共同的休閒活動、話題就會變成兩人非常重要的連結，兩個人**即使少了強烈的感情元素，仍然能像好朋友般的一同玩樂聊天互動**，這是友伴期非常重要的課題。如果做不到，代表兩人的關係是單純靠激情的火苗在聯繫，它必定會有暫時熄滅的時候，這時兩個人的關係會變得過於疏遠，是無法度過這一關的。

如果你和你的伴侶在曖昧期是因為有共同興趣而認識的，那恭喜你這階段會走的比較輕鬆，就繼續用你們共同的休閒活動來做連結，或是進而找出新的共同活動也很好。那如果一開始沒有，現在務必要開始培養雙方都有興趣的休閒活動。興趣絕對可以後天培養出來的，萬一喜歡的東西真的差太多，就要輪替陪伴參與對方喜歡的活動，不見得要變得跟對方完全一模一樣，只要一定程度的相似、雙方可以接受就好。比如說你喜歡戶外運動，你的伴侶卻是文藝派，你要他陪你去爬玉山，或是她要你陪她在書店逛一整天，一定受不了，你可以找個幾十幾分鐘能走完，入門等級的步道就好，下次換你陪她去逛個簡單的小展。記得一定要是對方能夠接受的程度，就算沒有辦法玩的超級開心也沒關係，重點是「**陪伴**」，這正是友伴期的核心概念，讓對方知道你是在乎她的，願意付出時間心力在她身上，這樣就夠了。

還有一點值得注意的是，如果停在友伴期過久的話也不好，會真的變成好朋友或家人的感覺，而非情人身分。當你發現一段時間都專注在自己的事情上、跟伴侶的互動變很少時，請回去**翻翻**救命筆記，想想當初熱戀時你會為她做什麼事、有什麼美好的回憶，再帶她去她最愛的餐廳、為她準備神祕小禮物，讓你們的互動方式好像回到之前熱戀期，再次讓她心花怒放想吃了你。這樣的激情可以為你們平淡的感情狀態再次加入活血，甚至再度啟動新的熱戀期，再度享受強烈的歡愉。如果你們已經結婚的話，甚至可以考慮再次拍婚

紗照做紀念，回憶當初新婚的美妙，並比照當年和現在的模樣，這對夫妻來說是非常有意義、非常有紀念價值的呢！最後一個小提醒，能夠度過磨合期真的是非常不簡單，友伴期是相對簡單好處理的課題，在這裡出問題真的會非常非常的可惜，請好好珍惜能夠和你一起走到這的伴侶。

06 穩定期

　　如果能順利走過前面四階段的風風雨雨，相信你們對彼此的認識都更深了，你會發現對方沒有你想像中的完美，有她的缺點。她其實沒有完全懂你，你有時候也搞不清楚她在想什麼，有時候意見不合會出現磨擦，帶給你帶來負面情緒影響你的生活，**但即使你知道這些，你仍然想和她一起生活、繼續這段關係**，恭喜你，你們所付出的努力有所成果了，你們是一對相當契合的情侶，有條件走入穩定期了。

　　穩定期雖然不像熱戀期、曖昧期有那麼高強度的愉悅、刺激感，取而代之的是細水長流、平靜穩穩的幸福感，這種獨特的感受恐怕只有親身體驗過才能理解，而且你會覺得先前的努力值回票價。此時可以對伴侶許下「**承諾**」，或許對方就是和你白頭偕老的另一半了，你們可以一同計劃未來要一起做哪些事，像是一起存錢出國玩、一同進修、一起買車買房，甚至什麼時候結婚等等，擁有共同的目標能讓你們之間的連結性更強，比較不會變的疏遠各過各的。

　　此階段雖然叫穩定期，**但不代表你們的關係不再變動了**，早在前言部分就有提到，愛情是一種隨時間改變的人際關係，你們的愛情依舊會繼續起伏，進入第二周期，只是這

時的變化不像前面四階段有順序，此時沒有特定規律順序難以預測。你們依舊會有磨合期再次吵架，有時候又像家人朋友一樣經歷友伴期，有時候又會重啟熱戀期，再次燃起愛火想占有對方，有時又變得不太確定對方心裡想什麼，充滿曖昧期的不確定感。但不論如何都是第二次經歷這些階段了，有需要就回去複習各階段章節，該做的事其實都大同小異，相信你一定可以處理好的。

　　最後我個人對能走到這的佳偶致上敬意，你們都為這段感情付出了很大的努力，有過歡笑有過淚水，才能換來今天的成果。你們之間獨一無二的故事與情感，不是他人能夠輕易取代的，請好好珍惜你現在的另一半，很有可能他就是那個陪你走到生命盡頭的人，祝福你們，在愛情各個階段之中永遠走下去。

Chapter 3

第三章
女人的愛情五階段

　　常常聽到女生在抱怨男人不懂女人，不得不承認這是事實，多數男人真的不懂女人。但我在和女生相處的過程中發現，其實女生對於男生也不是非常瞭解、有許多奇怪不恰當的觀念（特別是年紀小的女生），所以在這做一點小小的分享，希望可以讓妳們更加了解男人這種生物。後續愛情五階段提供一點小小建議僅供參考，如果覺得我的言論很有問題非常糟糕無法認同，也沒有關係妳可以當作沒看過這本書，或是把它燒了，討厭我本人來批判我都很歡迎，妳有絕對的權力這樣做。

　　首先妳一定要了解到，**男人是下半身思考的動物**，不要傻傻的覺得他跟妳是純友誼、他很善良不會做出不禮貌的事，千萬別這麼天真，他沒做出踰矩的行為可能是因為他不敢、不知道該怎麼做、剛好今天欲望沒那麼強或是他根本就是老球皮知道現在時機未到，絕對不是他不想，只要時間地點對了他就可能有想吃了妳的行為發生，只是很單純的機率問題罷了。因此站在女生的立場而言，**請妳假定每個男人不管老的少的，都是為了妳的身體而跟妳相處**，妳沒看錯就是任何人，包含親人、師長、情人等正面形象者，近年越來越多狼師、狼父被報導出來，也有丈夫婚後變了樣對妻子性暴

力的案件，所以請一定要記住這個觀念，整本書其他內容看不懂、不爽看或忘記都沒關係，就只有這件事請妳一定要記得，不然最後才發現男人腦袋想的跟妳完全不一樣，妳會很容易受傷（如果你覺得性愛事件糟糕的事，請參閱戀愛成本章節）。男人真的沒有那麼複雜，甚至簡單到超乎妳的想像，如果能多少了解男人的思維，相信能使兩性相處更加融洽。

很多女生會花心思想著為什麼男人會這麼畜生呢？我只能說我們原廠設定就是這樣，就好比女人對包包、鞋子有著我們無法理解的執著一樣吧。但其實不論妳有沒有得到滿意的答案，**都不會改變男人渴望性的事實**，好男人壞男人都一樣想做愛，只差在要求的方式不同，壞男人只想著發洩自己的慾望，而好男人會顧及女生的感受並且尊重。所以我建議倒不如花心思考，如果這個男生真的想要跟我發生性關係，我可以接受嗎？不接受的話我有能力處理這個情況嗎？該如何拒絕他並讓雙方都不受傷呢？（相關技巧請參考危機處理章節），或是設立底線只跟他在公共場合相處不要給他更多機會。如果他真的是個很好的人只是想跟妳做朋友，妳不小心誤會他，那就簡單道個歉吧，畢竟妳只是在保護自己罷了，把狼誤判成羊傷害更大，相信他一定能夠理解的。

01 曖昧前期

　　第一階段為曖昧期，可再細分曖昧前期和後期，先談談曖昧前期，又稱作準備期。此階段最大的重點培養個人魅力，才能去吸引異性，原因非常簡單，沒有人會愛上一個沒有魅力的人，因此我們先來聊聊什麼特質在男人眼中是有魅力的。女性在吸引男性時，外表絕對是非常重要的因素，無法否認男人就是視覺動物，滿腦子想著要交配，所以請盡可能的裝扮好自己。但如果只靠外表吸引到男人，要維持一段長期穩定的感情是非常困難的。等到哪天看妳看膩了或是有更漂亮的妹出現，甚至他是渣男打從一開始就是為了妳的身體而來的，跟妳做愛完之後就直接閃人。

　　看到這相信妳們一定會很生氣，覺得男人怎麼可以這麼膚淺、這麼畜生。我真的很抱歉，現實就是這樣不完美我真的無能為力，但責罵抱怨其實不會改變什麼，比較正向的方法應該是想出應對不完美現實的方法，避免男生只是單純愛上妳的身體，而是喜歡上妳的人格特質。因此我會站在男生的立場做點分享，方便妳們了解男人在想什麼、喜歡什麼，進而自行思考出應對方法，當然妳不見得要照我說的做，**我只是依照機率，講出男生通常會喜歡有怎樣特質的女性**，不是絕對鐵則，最終要怎麼做完全由妳來決定。

那究竟是什麼樣的特質，才能讓男人愛妳長長久久，而非只是想跟妳做愛呢？想要長久抓住男人的心，一定要靠**女性獨有的母性特質**，這種男人沒有的心理特質非常容易吸引異性。這是種溫柔貼心、重視對方感受、彷彿是照顧者般的角色，這種照顧不是物質上的照顧，或在公開場合表現的強而有力（那比較適合男生來做），而是兩人私下相處時，心靈上的支持、安撫、傾聽（當然配上肢體接觸如擁抱，效果更好）。請相信我，男人是需要被照顧的，不論他的外表多麼強悍、冷酷、年紀到了幾歲，都是一個樣。男人內心永遠都住著一個小男孩，需要妳來陪伴、關注他、讚美他，如果他有愛做的事、想追求的目標，就盡量讓他去吧！像個啦啦隊員在他的身後支持他、鼓勵他，他就會非常開心了。他的理想是不是真的很棒很偉大其實沒那麼重要，重要的是妳願意支持他、肯定他、陪伴在他身邊的感覺，除非他的理想價值觀和妳差太多無法接受，那就千萬不要在一起，不然妳們都會非常痛苦。

　　然後日常生活中妳不需要超厲害什麼事都會做，就算妳會偶爾也可以裝不會，請留點表現的機會給他。只要他做了對的事，就算是雞毛蒜皮的小事也千萬不要吝嗇口頭讚美，真的做了什麼厲害的事就大方給他崇拜的的眼神，誇獎他並跟他撒嬌，讓他覺得他是世界上最優秀的。另外當他自信滿滿主動來跟妳分享他做了什麼厲害有趣的事或有什麼想法，管他說了什麼就靜靜地聽他講，男人主動開口分享感覺的機

會可是很難得的，只要順著他的話誇他很棒很優秀，讓他覺得他足夠優秀、能照顧好妳、覺得自己能帶給妳幸福，讓男人有這樣的「感覺」就夠了。只要能照顧好他內心的小男孩，基本上就抓住他的心了，他心情一好，妳們的愛情自然就會順利了，表面上妳雖然像個小女人依靠男人，心靈上卻是他依賴著妳呢。

或許有人會對小女人一詞感到反感，覺得這是在貶低女性，但我並不是說女生就一定要當個意義上的小女人，只能在家相夫教子、卑微的對男人畢恭畢敬。現在是兩性平等的時代，女生也可以出來工作追求自己的夢想，但如果妳想談戀愛，還是得注意另一半的感受（同理男生也需學會照顧女生感受，而且要學的可多了），我們真的比較喜歡會在背後幫助、陪伴男人的溫柔小女人。強勢、熱愛工作的女強人真的會讓男人沒有感覺，另外說到工作，其實男人比起女人更需要工作，我自己其實滿羨慕現代女生的，可以選擇嫁人當家庭主婦，婚後工作也可以，也可以自己當女強人養活自己，妳們有不同的**選擇**，而男人基本上只有認真工作一條路，讓自己有錢、有地位有才華，才有可能被喜歡、被認同。

試想一個沒有穩定工作、無法自主生活、悲觀消極的男人，妳有可能會愛上他嗎？連男生都不會喜歡他吧，他會活的極度悲哀。所以聰明男人都會盡可能地讓自己優秀有地

位、事業有成，但如果這時女生來跟他比誰比較優秀、誰厲害、爭奪主導權，會變成競賽而不是戀愛的節奏了。所以到底要不要壓縮自己的時間在他背後扶持他、在他面前表現的像個小女人呢？這沒有絕對標準答案，這個男人值得妳放掉自己喜歡的事物嗎？妳願意為他壓抑部分的自我嗎？對他好他會懂得珍惜妳呵護妳嗎？這只能請妳自己判斷、自己做選擇了。

接著談談一種很特別的女生，不論男、女都會喜歡上她，我稱之為神力女超人。平時和人相處時「表面」上像個天真美麗的小女人，「實際」上非常聰明有能力，做起事來彷彿像個女強人，專業有自己的想法，但和人相處不論對方是男是女，都不會給人強勢的壓迫感，而是柔柔的女人味。她懂得在不同情境展現出陽剛或陰柔的特質，這聽來有些表裡不一，但看場合表現恰當的行為模式其實是高智慧的表現（聰明的男人也會看場合說話，不會一股腦地只想做自己、表達自己），而且也不是為了達成特定目裝模作樣，是她本身就會顧慮別人感受、對所有人的態度都很溫和、很有氣質。

要做到這樣子確實不簡單，但也不是做不到，我自己就有見過這樣的神力女超人，外表看起來就是可愛的小女生，說話用詞、方式也都很溫柔，就算她真的累了、和人相處不愉快，也不會變了個人兇悍起來隨便發脾氣。同時她也有工

作能力創業當老闆外出賺錢，忙的時候還得自己開車外出處理事情，甚至一邊上班一邊帶小孩，家庭和自己的事業都兼顧到了，真的非常屬害而且有魅力，真心期望大家都能夠變得像她一樣好。

要當神力女超人確實困難，從談吐、行為舉止到內在思維都要練習，真的做不到對每個人都表現的溫柔有氣質，或是妳個性就真的很豪爽，就以妳不會不舒服為原則，盡量對妳喜歡的對象展現小女人特質吧，他會比較有戀愛的感覺，會比較快樂。接著談談比較具體一點的行為，能讓自己更有女人味。最簡單的就是說話方式了，不需要強勢果斷，就算妳很確定妳要的是什麼，也請不要用女強人或命令的語氣說「我要……」，可以加一點語助詞感覺會比較可愛，並用婉轉柔和一點的說法如「我想要……耶」、「恩……我覺得那個不錯耶」、「你覺得……這樣好嗎？」，用這種請他參與做決定的方式會讓他覺得被重視、被尊重的感覺。

如果他的想法妳無法接受，也請不要直說「我不要」、「你的主意爛透了」，稍微間接一點的說「可是我覺得……」、「不然這樣好不好……」，真的還是不聽的話再用沉默法來表達妳的不滿吧（萬用沉默法請參閱磨合期章節）。如果妳想叫男生去做點事，請不要用指派、命令的方式如「你現在去……」、「你過來弄……」，這樣氣勢上壓過男生很容易讓戀愛的感覺跑掉，可以用「你可以幫我……

嗎？」、「這個我不太會耶」等方式來引導他做事，等他完
成後再撒個嬌誇他很厲害，他就會很開心了，下次也有動力
繼續為妳服務。甚至更厲害點可以不用直接向他開口，只要
間接透露出妳的需求，就有可能讓聰明的男人幫妳做事。有
次和一群朋友烤肉，一個很小女人的女生就興高采烈地跑過
來，有點賣萌開心的說「香腸烤好了耶」，靠近看時卻楚楚
可憐地說「阿，表面怎麼都烤焦了呢？」，這個時候聽得懂
的男人就會自己開始做事了，剛好我就在旁邊又是那個聽得
懂的，自己就開始動刀幫她把焦掉部分弄掉，她也很開心地
誇我說很厲害，她不用動手就得到她想要的，而我心甘情願
幫她做事，被誇獎心情也很好，如果她是用命令、要求的方
式恐怕就不會有這種雙贏的局面了。

　　還有一種行為方式能讓男生覺得妳很有女人味，那就是
發揮母性特質去照顧小孩、小動物。男生通常很陽剛不太會
和小孩小動物相處，很難扮演好一個細膩的照顧者，看到妳
如此溫柔有耐心地和小孩小動物相處，這美麗的畫面，很容
易軟化男人剛強的內心，同時很容易觸發男人的保護欲，潛
意識想好好守護妳和可愛的孩子，自己彷彿是一家之主照料
妳們，無形中很容易對妳產生情感，所以在異性面前請不要
害羞地去和小孩小動物玩，展露妳的母性。當然如果妳不喜
歡小孩小動物也不需刻意跟他們相處，刻意偽裝只會倒扣分
罷了。

　　相信妳們女生一定都喜歡貼心的男生，會在妳冷的時候給妳披上外套，在妳無助的時候把妳抱入懷中。同樣的我們也喜歡貼心的女生，在適當的時機給予我們所想要的，請注意重點是**我們想要的**，不是**妳們想給的**，給自己想給的東西其實不算是貼心，有些人會將自己的價值觀、偏好套用在對方身上，用女生的角度來看待男生。好比說女生通常喜歡逛街聊天吃甜點等等，但這些對我們而言真的還好，我們喜歡購物有效率，把省下來的時間做其他事。可以不要每次約會都是陪妳逛街，偶爾陪我們做我們喜歡的活動。我們也不愛一直聊天，因為聊天要動腦思考久了很累，看到我們眼神開始變的呆滯，就停下嘴巴讓我們放空休息吧，這樣我們會覺得很貼心。互相為對方著想絕對是經營長期關係的重要課題，男女雙方都需要學著用對方的眼光看事情，才能讓異性覺得妳是貼心有魅力的。

　　想要魅惑男人靠外表和性愛是非常快速有效的，但無法保證抓住他的心，接著分享一個吸引男人的超強殺招，雖然要使用需要一點運氣、機緣，但成功使用出來幾乎就穩穩抓住男人的心了。那就是在他情緒低落、疲憊無助時給予他溫暖、給予精神上的支持。其實任何人都一樣，低潮的時候就算受到小恩小惠，都會自動放大它，因為這個時間點人的心靈，是非常脆弱非常好攻略的，此時請盡量發揮妳的母性特質，用溫柔的口吻對他說「你辛苦了」、「不是你的問題」、「你已經盡力了沒關係」這類很簡單的話語去安慰他

就行了，此時有一個非常重要的概念，那就是**一定要建立肢體接觸**，他才知道妳對他有大於友情的情愫在，妳們有進一步發展的空間，不然沒有肢體接觸他可能只把妳當紅粉知己或心靈導師就可惜了。

　　肢體接觸可是拍拍肩膀、撫摸手臂、臉頰甚至擁抱都可以，只要妳自己能接受就好。如果他像個大小孩依偎在妳身上，就好好安撫這個孩子吧，甚至他在妳面前流淚哭泣，那就恭喜妳了，他對妳十分有安全感、信任感，這次的經驗絕對讓他永生難忘，妳已經勝券在握，等這個大男孩心情平復一定會主動來找妳的！當然這個招式還是有一定的缺點，進行肢體接觸時有可能會勾起他想要性愛的慾望，請不需要覺得奇怪被冒犯了，因為此刻的妳在他眼裡魅力指數已經爆表了。男人的愛裡本來就是包含性愛的，此時如果妳真的不想要就好好跟他溝通一下，這種時刻通常是聽進去的，因為妳有真正打動他的內心，不是單靠美色純觸發他獸性的那面，只要他有感受到妳是相當特別的存在，勢必會尊重妳、在乎妳的感受的。

　　男生在曖昧前期我會強烈建議廣泛交友，而女生其實該做的也是一樣，特別是妳真的很想談戀愛的話，就積極一點去認識男生吧。聽到廣泛交友可能有些人會誤解，當然我並不是要妳當花癡看到帥哥趕快黏上去。廣泛交友的意思是，在社交場合中不論男女老少，不論帥哥還是普通男，都統一

用交朋友、無目性的心態，都對他們釋出善意，單純享受這個與人相處的時間，去結識新朋友。要把重點放在這個**過程**中你所學習到的經驗、技巧，而非**結果**，認識的人越多其中存在交往對象的機率也越高。

當然我承認要妳們主動地去認識男生真的非常奇怪、很彆扭，妳心中的理想狀態可能是男生來追妳，主動對妳好把妳當公主般寵愛。但其實妳稍微主動一點去和男生說話，釋出善意互相認識，可以大大增加他之後主動來和妳互動的機率，妳表現的太被動他可能就呆呆地以為妳對他沒興趣，或覺得成功率太渺茫自動放棄。畢竟人際關係是雙向的，要某一方熱臉貼冷屁股長久互動下去真的非常困難，妳可以做個簡單的小實驗，妳回到家或見到朋友時，就面無表情，一句話都不說，不用多久，他們一定會來問妳到底發生什麼事了，因為「妳行為透露出的資訊，會影響他人對妳的看法」，換而言之，每個人都是具有影響力的。

或許妳會覺得男生本來就該主動、有誠意地去追求女生，但仔細想一想，如果兩個人認識還不夠深，男方就開始用傳統觀念中的「追」來贏得妳的芳心，那他只是單純喜歡妳的外表吧？一個有腦袋、優質有魅力的男人，絕對不會剛認識妳沒多久就開始狂追，因為他知道要經營一段長期感情，兩人的內在性格、價值觀真的非常重要，不先「認識」是看不出這些東西的。所以不論男生女生，曖昧前期我都會

建議多多認識不同的人。

　　但相信妳們一定會想，如果我到處認識男人會不會被當成花癡、壞女人？說實話，在其他女生眼裡，這是有可能發生的，這部分真的得請自身多留意，女人間的閒言閒語真的可能對妳的人際關係造成負面影響。至於男人眼裡呢？妳放心，男人的人際覺察能力天生就弱，往往都把焦點放在自己身上，以我們的智慧通常不會察覺到異樣，就算有查覺到，除非他是觀念是極度保守、傳統的男生，他才會覺得妳行為不當，因為在他的觀念裡，女生就應該乖乖的，不可以到處拈花惹草。這種男生通常控制慾很強，會限制妳日常生活的行為舉止，如不可以太晚回家、不能跟其他男生相處、穿著打扮不能太暴露等等，希望妳像傳統婦女在家照顧父母打理家務，如果妳不介意和這類型男生交往，那就順著他當個乖女孩吧，不然就勇敢地做自己，多多去認識不同對象，追求一份屬於自己的幸福吧！

　　那如果妳是外貌條件比較優的女生，可能根本不用做任何事，自然就會有一堆人來追妳，從中挑選對象也是一種選擇。但比較辛苦的點是人數眾多很難判斷出誰比較適合妳，誰是真心想跟妳經營感情的，至於判斷男生是不是真的愛妳的方法可以參考熱戀期的論述。

02 曖昧後期

　　如果在曖昧前期的個人魅力培養和廣泛交友都有扎實練習並用於生活中，現在應該會有少數幾個對像跟妳相處的特別好，妳覺得他們有可能變成妳的情人，此時就可以暫緩廣泛交友模式（但此時妳也還是有權力去認識其他人），多花點時間在這少數人身上，由追求數量改為追求質量，多跟他們曖昧約會深交，讓他知道妳有重視他，有意更近一步相處，要是這個時候還是一直是廣泛交友模式，對方可能會覺得妳對他沒意思或是對妳沒有安全感自己打退堂鼓了。

　　和這少數對象多相處後，如果覺得他是可以交往的，我建議直接進行「肢體曖昧」，私下相處時依照情境去觸碰他的身體，尺度完全看妳個人的接受度，沒有絕對鐵則。如走路勾著他的手、靠著他的肩膀等等都行，妳或許又會想他會不會覺得我很隨便？和曖昧前期一樣的原因，只要他心態健康就不會有問題，女人的一小步是男人的兩大步，他或許也喜歡妳只是沒把握或不懂進攻的方法，再說如果只用語言曖昧暗示他，他也不見得聽得懂，可能會害妳們的關係卡住停滯不前，甚至他放棄妳去找別的對象。那妳主動進行肢體接觸會不會讓他不舒服呢？多數情況是不會的，我們真正怕的是女生不讓我們碰，現在有女生碰我們當然超開心的阿，除

非這個男生對妳真的沒有興趣。

　　我們男生和妳們的愛情思考方式是不同的，我們不喜歡曖昧帶有不確定性的狀態，我們的大腦只能接受具體明確的事物。所以男人的大腦在面對愛情時，只有要和不要兩種，一翻兩瞪眼，不會想說這樣會不會太快、我跟她到底適不適合、別人會怎麼看待我們等等，只要他對妳有興趣，肢體曖昧這麼明顯的暗示一定懂，很快就會有動作了。他可能會來跟妳告白，或是給予更強烈的曖昧回饋，就繼續曖昧相處下去，不知不覺妳們的互動就會越來越像情人，相處到最後某方以輕鬆的口吻說出我們是不該再一起了？再給予正面的回答，妳們便會正式變成男女朋友，其實不太需要刻意設計告白招數的。

　　如果妳願意的話甚至可以主動告白，只要這個男生是喜歡妳的，完全不用擔心他會不會覺得奇怪，以頭腦簡單的男人來說，自己喜歡的女生跟自己告白，只會感到超級開心，並立刻答應跟妳再一起，單純的男人就只會有這個反應而已呢！分享一個我個人碰過的真實經驗，我和一個高度曖昧，但還沒正式在一起的女生手牽手一起逛夜市，走到一半毫無預兆的，她就突然說「欸，我當你女朋友好不好？」，我當下愣了兩秒，心想這告白也太爛了吧！沒有任何的契機、切入點，她好像是突然想到說，啊！今天忘記告白了，趕快來告白一下吧這種感覺。我愣完兩秒之後也是平靜的說「喔，

好啊」，儘管她的告白方式很爛，但我的心裡是喜歡她的，也早就有意思要跟她正式交往，所以我還是會答應。總而言之，告白只不過是個儀式性行為，只要他是喜歡妳的、妳們有恰當的互相曖昧，告白方式再爛他都會接受的。

萬一肢體曖昧都沒反應，代表他真的對妳沒意思，真心建議去找別的對象吧！也不建議用送禮照顧他這類物質方式對他好，這些對男人而言都沒什麼吸引力，頂多把妳當提款機或保母。也不建議默默陪在他身邊打長期抗戰，期待有天他會注意到妳，這難度也很高，男人眼裡只有自己和他覺得有魅力的女人而已，上述這些行為好比給獅子吃紅蘿蔔，他真的不會開心。萬一還是執著於這個男生的話，建議培養曖昧前期提到的女性魅力特質以及打扮好自己的外貌，才有機會創造奇蹟。

■危機處理

女生在曖昧後期和男生相處時，可能會碰到下列這種情況，不想那麼快或對他沒有要再進一步的意思，他卻沒搞清楚狀況，想跟妳更加親密甚至是發生性關係。這種危機時刻該如何處理較恰當呢？首先妳一定要瞭解到，男人是下半身思考的生物，他跟妳相處八九不離十是抱有目的的，會不會做出超過友情範圍的事，只是單純的機率問題而已。避免危險最根本的方法是，**完全不要給對方有機可趁的機會**，當這個對象是妳很確定不想更進一步發展，或老娘今天就是不想做愛時，就不要給他機會在隱蔽空間單獨相處。

如果是在相處到一半時他臨時提議去其他隱密地點玩，像是看夜景這類的，妳想去那個地方但又不想跟他有更進一步關係，有個技巧可以使用，但不能百分百保證他不會失控。這個方法就是開門見山直接問他，「你帶我去那該不會是想跟我做愛吧？」，這是談判技巧中的逆向操作法，就好比打牌的時候正常都是小牌先出，王牌留最後，妳卻一開始直接打出王牌切入核心，會讓對方心裡上搞不清楚狀況，慌張而做出誤判。普通男生聽到妳這樣問通常會愣住，妳要趕快趁勝追擊強勢的再問他一次是不是想做愛，比較弱一點的男生就會慌張回答沒有啊只是單純去那玩而已，既然這句話是他自己說出口，就應該說到做到，到時候他失控的機率會比較低。**再次強調只是機率低而已**，真的很畜生或是很老練

的人自然會有他的應對招式，所以請自行斟酌使用。

如果很不幸妳已經進入到隱蔽空間，男生失控想要性愛的危急情況時，有辦法找理由直接離開現場當然最好，或是有把握用武力擊退他逃離現場也可以，都不行的話就要靠智慧想辦法讓他熄火了。概念上其實很簡單，此時要盡量表現出和女性魅力特質完全相反的表現，讓他沒感覺失去樂趣，妳就安全了。千萬不要表現出弱勢、受害者般的表現，其實會被性侵害的受害者，不見得都是外貌突出的，有些是給人感覺無助、沒有抵抗能力很好得手的。因此**強勢的態度就很重要了**。首先講話音調盡量壓低像男生一樣，雖然此刻妳非常恐慌，但用嬌柔的聲音抵抗只會讓他更興奮而以，再來就是態度要堅定豪不猶豫、用字精簡有力去跟他搶心理上的主導權，如「我不要」、「給我停下來」、「你給我滾」、「我一定會告死你」這類強烈的話語，此時千萬不要當低位階者用「請」、「拜託」的方式求他停下來。妳如果表現得像個柔弱的獵物，只會刺激他想侵犯妳的慾望，一定要像個女強人用命令的方式要求他停下來，打亂他成功狩獵占有妳身體的劇情。

分享一個女生朋友遇到的真實經驗，一樣遇到男生想要性，而且怎麼講都聽不進去，不斷靠上來，無計可施的情況下她就擺臭臉裝死，像條死魚躺在床上動也不動。男生看到她這樣或許也失去了興致，最後就自己停下來，她也沒被侵

犯安全離開了，當然這可能只是個案而已僅供參考，上面教的方法也只是降低他侵害妳的機率而已，他真的很畜生還是會想上妳的，最好的方法依舊是不要給他私下單獨相處的機會。

03　熱戀期

　　熱戀期可以說是愛情裡面最美好的階段了，就如同大家腦海中對戀愛的典型印象，兩個人開心地活在自己的小世界，甜蜜且歡愉的情感交流，請務必好好享受這美好的階段，這是幾乎是愛情最美妙的時刻了。這邊有個小技巧可以稍微拉長熱戀期的美好時光，俗話說小別勝新婚不是沒有道理的，熱戀期中的男女很本能的會想整天黏著對方，但建議可以偶爾刻意減少見面、約會的頻率（但如果妳們在共同生活圈一定得見面，或是遠距離戀愛見面機會少，就不需刻意使用）。比如說妳其實時間夠每天和他見面，妳可以故意找一些理由，變成隔兩三天才見一次面。這樣雖然妳自己也會心癢難耐，但對他來講也是一樣的，等到妳們見面約會時雙方都會更珍惜共同相處的時間，能稍微拉長熱戀期的時間。

　　熱戀期有一件非常重要的事，**強烈建議在熱戀期不要做出承諾**。這個階段不論男女都是不理智的，一時衝動許下承諾，在將來磨合期回想到過去浪漫的承諾，如今卻連感情是否能維持下去都不知道，雙方都會格外刺痛。而且原本善意的承諾也會變成枷鎖，有些人甚至會為了不打破承諾而違背自己真實的想法、感受，硬著頭皮跟對方再一起，讓本來就難度極高的磨合期更痛苦，如果妳真的很喜歡這個對象想

長期交往的話，請等到穩定期，雙方夠了解彼此能夠一同生活，再許下承諾吧！

女生在熱戀期通常不會有太大的問題，比較可能遇到的狀況是男生想要性，但是妳還沒做好準備，或覺得不夠有安全感、不確定對方是不是真心愛妳等等，這類型的狀況。如果上網搜尋如何判斷一個男人愛不愛妳，妳可以得到數不清資訊，教妳用幾招、幾點來判斷男人愛不愛妳，當然我自己也去查過，但我發現這些文章**幾乎都是用女性觀點出發**，而且稍微籠統、複雜了點，這邊我用男性的觀點，提出一個明確具體，而且可信度超高的指標來判斷這個男人是不是真的愛妳。但這個方法可能會讓妳非常吃驚甚至無法接受，因為妳向來都是用女性的觀點來判斷男人到底愛不愛妳，所以在閱讀下段前請先做好心理準備，無法接受不當一回事也沒有任何關係。

這個準確無比的判斷方法是這樣的，「妳就看這個男人在和妳做愛之後，還會不會對妳像以前一樣好」，比起願不願意在妳身上花錢、花時間陪伴等等，這才是真正準確可信的，願意花錢可能單純是他錢多花得起，花時間只是為了和妳做愛在鋪路。厲害的渣男在跟妳做愛前，表現得跟好男人沒兩樣，一樣會給妳製造浪漫、花錢買禮物給妳，只是做愛後他目的達成了，他就沒有理由再對妳好了，而真正愛妳的男人還是會想繼續跟妳相處，談精神上的感情並共同生活，

而且隔一段時間後還是會想跟妳做愛。男人的性慾就好比水庫，時間一到水位滿了自然需要洩洪的，絕對不是單單做愛幾次就完全滿足的。或許妳會想問那有沒有辦法不做愛，就能知道男人到底愛不愛妳呢？很抱歉，以男性立場來看，我真的不覺得有其它準確有效的辦法存在，但我還有一個準確度次之的辦法來判斷，那就是妳們約會獨處時他想要性，而且場地適合，只要妳答應就會發生性行為的情況下故意拒絕他，就說感覺不對、我還沒準備好之類的理由就可以了，或是強烈要求他戴套（除非打算生子，不然任何時候都應做好避孕措施）。如果他真的愛妳會在乎妳的感受，他會有能力控制自己的行為，如果他只是個愛妳的身體的低階渣男，這時候就會露出馬腳生氣或失控了，這也是這個方式的缺點，妳可能會處於危險之中，使用前務必熟讀危機處理的相關知識。

另外這個試探法建議不要用超過三次，不然男生可能會覺得妳在故意耍他，萬一他是真的愛妳的話會非常痛苦，妳想想看喔，一個男人不愛妳都可以為了妳的身體跟妳做愛了，更何況他真的愛妳，他根本想瘋了好嗎？這種看的到吃不到的狀況如果一直發生，恐怕他最後還是會離開妳的。身為一個男生，沒有辦法和心愛的女生做愛，真的是件痛苦無比的事，在前言兩性差異就有提過，男人的愛情是需要有性愛基礎的，否則戀愛感覺會跑掉，不像女生可以接受沒有性的愛情，這也不是誰對誰錯、誰應該改變的問題，真的就是

男女不一樣，需要相互溝通協調的問題罷了。

難道說談戀愛就一定要做愛嗎？當然不是，最重要的還是妳自身的意願，不想就不用勉強自己。還有一件要注意的事，**那就是千萬不要為了討好男生或怕他不開心而跟他做愛**，不要以為做愛了他就會愛妳一輩子、乖乖聽話照著妳的劇本走，絕對沒這回事，**男人絕對不會因為妳有跟他做愛就永遠愛妳**。對男人而言做愛可以是種單純的享受罷了，要他愛妳到天長地久絕對還要加上貼心、女人味的內在人格特質。簡單來講我會建議這樣來看待性愛，不想的話當然別逼迫自己，感覺對了想做就做吧，不用想太多當就是種休閒娛樂，單純享受這浪漫歡愉的時光吧。就算事後發現他不是真正愛妳，也沒什麼損失，因為當時是妳自己想要，沒有任何人逼迫妳，更沒有什麼身體髒掉了的問題存在。但也不要把性愛拿來當談判、控制男生的手段，這種抱有期待，覺得靠性愛可以換到某些東西的心態非常危險，結果往往會讓妳失望的。

不時會聽到女生這樣抱怨，男人剛開始談戀愛都會表現出最美好的部分，然後隨著時間過去，對妳越來越平淡，不再製造驚喜送小禮物，跟妳出去也開始不打扮，當初那些吸引妳的特質好像慢慢在消失。這樣的行為確實是不對的，男生課程裡我也會提醒男性不要犯這樣的錯，但這樣的錯其實不單單只有男生會犯，女生其實也會有這種熱戀期過後偷

懶的狀況，請回想看看這段關係中，妳是不是隨著彼此越來越熟悉，講話慢慢不再溫柔不再稱讚他、不會對他撒嬌裝可愛、慢慢懶惰化妝呢？同理妳慢慢失去魅力特質，會讓男生慢慢沒有感覺，萬一兩個人之後都開始偷懶，對妳們的感情真的非常傷。為了避免上述前後反差太大的情況發生，有個小技巧可以使用，就是熱戀期的時後不要對他好過頭，雖然這個時間點會本能地當個聽話的小女人，他說什麼妳都願意為他做，但熱戀期過後，妳還有辦法這麼的百依百順嗎？所以務必克制自己的行為，前後表現差太多的話，男生會有種上當受騙的感覺，相當不開心呢。

另外如果在熱戀期他就做出讓妳有點不開心的事，或發現有不一樣的想法、價值觀時，建議這個時候就先講出來讓他知道，熱戀期是大腦最笨的時候，連這個時間點都有辦法出現摩擦，未來磨合期有非常高的機率成為妳們吵架的點。因此能趁彼此情緒狀態都良好的時候，先行處理是最好的，此時我會鼓勵女生盡量直白、具體的把問題講出來。比如妳可以跟他講說，我問你要不要吃消夜的時候，是代表我肚子餓了，你應該要出去買東西給我吃。當我說好吧你就去吧，我不能阻止你做你想做的事，代表我很不開心，你最好不要去玩在家乖乖陪我。我知道要把話直挺挺的講出來是件非常尷尬的事，但我們男生真的非常的笨，只要妳不開口，我們真的不會知道問題出在哪，現在熱戀期或許妳還有辦法忍，但如果一直憋著到了磨合期，很有可能就爆發出來了。站在

妳的角度會覺得我忍受這麼久了，你都不改真是太糟糕了，但站在男生的角度，今天是他第一次發現有這個問題存在，他會覺得莫名其妙，不過犯一次錯而已妳怎麼會怎麼生氣呢？看到他完全不在狀況內的反應，妳恐怕會更加火大，然後大吵一架。

所以最好的辦法是，男生一做出讓妳不開心的事時，就趕快跟他講明，可以的話再教他應該要怎麼做，妳才會開心。基本上就跟教寵物非常類似，做對事情就給零食、獎勵，久而久之動物知道做這件事情就會有好事發生，就會大量做出該行為。和男人相處也差不多，用教得絕對比期待他自行開竅來的快，所以盡量用「**獎勵代替吵架**」的方式，如果他有乖乖改變行為，也一定要給予回饋，誇獎他並跟他撒嬌裝可愛，或視個人意願給他性當作獎勵，他才有動力持續做出對的行為。這種鼓勵正確行為的方式絕對比做錯事對他發脾氣來的更加有用，畢竟戀愛最重要的是感覺，能盡量不生氣吵架是最好的，這種利用獎勵蘭改變行為的方式，到了磨合期吵架也非常適用，所以請各位聰明的女生一定要學會。

還有一些難度比較高的功課，第一個是搞清楚他到底為什麼喜歡上妳，當然不是直接問他，是要靠妳自己想出答案，問出的答案恐怕只能參考用，或是他根本也不知道答案。知道答案的好處是妳可以持續保持這個讓他愛上妳的魅

力、行為特質，而男生會喜歡的特質，通常會是漂亮的外表，以及曖昧期提到的女性魅力特質，有需要的話請自行回頭複習。保持良好個人魅力大大有助愛火的延燒，以及降低他愛上別人的可能性，以及未來吵架時妳趕快去散發這些魅力特質，也能緩和爭吵時的強烈情緒。

　　還有件難度更高的作業，但做到可以降低磨合期大爆炸的可能性，就是在熱戀期就先告訴對方妳心裡最痛、最不能被挑戰的底線。比如說妳最不能接受別人嫌棄妳的身材、或是在父母面前讓妳沒面子等等，在熱戀期就先就告訴他，如果未來有一天我們吵架了，請不要攻擊這個點，這會讓我徹底抓狂。但這項功課很仰賴自我了解的深度，不見得每個人都做得到，但如果有辦法做到這點，可以防範未來吵架時，對方不小心踩到妳的底線的情況，這種不小心踩到對方底線的狀況一旦發生都是非常嚴重，涉及到分手的，因此請盡量避免這種悲劇發生。如果真的做不到也請事前告訴對方妳的小缺點或獨特、不容易被他人了解的想法或活生活習慣，比如說進入戀愛狀態的妳會變得很黏人很像小孩、生氣的時候會變的很嘮叨等等，先講清楚讓對方有點心理準備，等到狀況發生對方才比較不會被妳嚇到。

04 磨合期

　　兩個人最初會相愛往往是具備不同的特質，對這些相異之處產生好奇心進而被吸引，但有趣的是到了磨合期，這些不一樣往往變成雙方相處最大的障礙。磨合期絕對是愛情歷程裡面難度最高的一部分，而且只能靠後天努力學習才有可能度過這關。如果妳先天條件很好或非常有天分，在曖昧期跟熱戀期或許可以暢行無阻，**但磨合期沒有任何人能靠天分度過**，人相處久了包裝自然會慢慢脫落，用本質見人，前面所學到的技法在這裡效果非常有限。

　　如果要用一個詞表達磨合期的核心概念，那就是「**尊重**」了。其實很多時後吵架都不是在吵表面上的小事情，而是氣對方居然不懂我、有跟我不同的想法或是溝通時口氣太差。我們都很自然地以為對方是最了解自己的人，但世界上沒有兩個一模一樣的人，更何況是男女兩種截然不同的生物，兩個人要再一起生活，一定是某種程度的折衷，會失去一小部分的自我。所以大家一定要先做好心理準備，面對伴侶各種大事小事、價值觀、生活習慣的不同，不要期待妳們是天生一對、對方遠永都了解妳，萬一有了錯誤的期待，只會讓雙方更痛苦罷了。

■人際關係中的負能量球

觀察情侶吵架時總能發現一件有趣的事情，女方說都是男生先開始怎樣怎樣，男方就會反擊明明就是女生先幹嘛幹嘛的，雙方都認為是對方先起頭、是對方的錯，那事實上到底是誰的錯呢？不要問我我也不知道，反正這件事根本不重要，知道了也於事無補，重點是如何停止爭吵吧！

人際互動永遠是雙向的，彼此絕對都有能力影響對方，其中有一種叫負能量球的東西特別有殺傷力。它是一種先入為主的思維概念，會影響到個體的行為，這個帶有偏見的行為會惡化彼此關係，甚至讓那個不正確的概念成真。假如我聽朋友說某甲這個人很難相處，我就先認定某甲人很糟，遇到他時態度都不佳，某甲見到我這樣覺得我這個人很討厭，對我的態度會更差，然後我就更加肯定某甲真的是一個很難相處的人。情侶關係也常有這種現象，一方丟出一個小小的負面想法，覺得對方這次選的餐廳不太好，此時就先丟了一顆小小的乒乓球給對方，對方覺得不被伴侶信任、看好，心情自然會差，一路上碎碎念覺得不被尊重，乒乓球變成棒球被丟回來。結果好死不死這家餐廳真的不太好，吵的更激烈了，棒球長成躲避球砸了回來，隔天兩個人又帶著壞心情不自覺的又開始吵架，此時負能量球已經長成保齡球了，兩個人拿著保齡球互丟，能不出問題嗎？互相攻擊久了，這段關係就很難維持下去了。

要接住一個乒乓球是非常容易的事，但如果放任負能量球成長，變成一顆保齡球飛過來，就非常難處理了，走到這個地步，兩人關係往往只能用悲劇收尾了。最好的方法還是在負能量球剛開始產生時，就立刻進行「停球」的動作，只要球還小，停球動作並不困難，向對方認錯、退一步、轉移話題或哄對方開心都可以，**重點應該擺在維持雙方關係而不是爭辯誰對誰錯**。其實這個現象不只出現在情侶關係中，任何形式的人際關係都存在這種現象，所以請把這個觀念記熟，這會讓妳的人際互動更加順利，當一個人緣好、受歡迎的人，對任何形式的人際關係都大有幫助。

另外再補充一個男女通用的人際相處技巧，在與人互動相處時，**不要輕易地給予好壞評價**，畢竟每個人的價值觀都不相同，輕易用自己的主觀價值去批判他人行為或是想法，會讓人非常的不舒服。就算妳是對的對方也不見得想聽，因為站在對方的立場他只會覺得他是對的，妳倒不如什麼都不要講。就算妳真的很想講，也請用提供意見，或分享感受、看法的心態去和對方說，不要直接告訴對方你這個是不對的、不好的，然後開始長篇大論講自己的意見看法，叫他用妳的方法做事，他只會覺得妳多管閒事愛出風頭而已。除非妳在對方眼中是個有權威性的專家或是他主動開口問妳，妳再開口跟他說就好了，不要一股腦只想表達自己有多厲害，也要去考慮對方想不想聽、聽得懂聽不懂，**這也是真正有本事有能力的人才有的行為表現**，因為多講自己也不會變得更

厲害或從對方身上獲得好處，何必多此一舉浪費自己的時間呢？

■衝突時的處理辦法

既然吵架是必然的，先來講講衝突當下如何處理比較好，這裡有一個萬用的方法，適用跟男生任何形式的爭吵、溝通障礙等等問題，那就是**沉默不跟他說話**。但同時也不要破壞東西、亂拔插頭吸引他的注意，基本上就是什麼事都不要做，暫時忽略他當他不存在，專心過自己的生活，就是這麼簡單。吵架時往往情緒過於高亢，男人的大腦早就無法正常運轉理性思考了，所以多說無益。而搞破壞表達妳不滿的情緒他此時只會覺得妳無理取鬧，他不會想到是因為他做錯事妳才這樣，此時沉默將勝過千言萬語，暫時放生他直到他情緒平復或忘記吵架內容，發現妳還是沉默不理他，他就會發現事情大條了，自己會主動來破冰道歉了，這時候再來溝通效果會比較好。

當然如果他自尊心比較強可能會進入一小段時間冷戰，一樣冷落他好像妳消失不見一樣，就先去做自己的事讓自己開心點吧，然後再順其自然看他來破冰還是妳心情平復去找他破冰。但如果冷戰一直持續或他一直鬧脾氣，那就直接分手吧，畢竟妳都不吵不鬧用洽當的方式表達妳的不滿了，他還不接受，代表他可能沒有很愛妳或還不夠成熟，是他的問題，請果斷分手吧！

　　沉默安靜還有一個非常棒的使用時機，就是男生疲累或想專心做自己事的時候。多數女生發現我們對妳興致缺缺的時候，會講更多的話來吸引我們注意，但這真的沒有幫助只會倒扣分，此時我們需要的是安靜，讓大腦可以好好休息或專注在自己的事情上。比較恰當的方式應該是發現我們愛理不理時，告訴他「好啦我知道你累了，不吵你好好休息喔！」、「我先讓你好好做事不吵你，加油！」，這樣我們會想說，哇！妳真的懂我心裡在想什麼耶！會覺得非常非常的貼心，跟一般自我中心、不顧男人感受的女生不一樣，他之後一定會更加疼愛妳的！

　　沉默或吵架過後如果妳想和好但又怕他還在生氣，其實有幾個很簡單的方法，妳就假裝沒吵過架，很輕鬆自然的找個中性的話題起頭，只要他自然的和妳聊天，基本上就沒事了，因為對我們男生來講，和女生吵架是件非常高難度、辛苦的事，妳不主動引戰，他吃飽沒事當然不會主動找妳吵架。又或者妳可以在他面前賣萌裝可愛撒嬌，或是找契機誇獎他說他很棒、很厲害，他被誇獎心情一好，很快就忘記之前在吵什麼了，妳也就裝做之前吵架沒發生過，這樣就暫時沒事了（沒錯我們就是這麼簡單這麼好哄）。

　　還有一個叫心錨的方法可以緩和激烈爭吵的情緒，但這就仰賴妳熱戀期有沒有搞懂當初他愛上妳的原因。這個方法的概念簡單來講是這樣，妳刻意去強化當初吸引到他的魅

力特質，或提起過去妳們曾經很美好的回憶，盡可能讓妳們的互動方式像以前熱戀期那樣美好，讓他想起過去愉悅的回憶、情緒，來降低爭吵時的火藥味。比如他很喜歡妳做的蛋糕，吵完架隔幾天就趕快幫他做個小蛋糕，然後告訴他「雖然我們吵架了，但我還是很愛你。我做了你最愛吃的蛋糕，希望吃完後你可以消消氣」。利用類似的方式喚起過去的正面回憶，絕對可以感動到他，穩定他的情緒的。

在第一時間順利避免爭吵後，最後還是得面對兩人的價值觀想法差異，此時建議回頭複習熱戀期提到的「用獎勵代替吵架」的應對方式，挑個雙方情緒都比較穩定的時候，冷靜的教他怎麼做，妳們相處起來會比較快樂。如果是用鬧脾氣、吵架的方式讓男人知道妳不開心，他也不見得知道該如何處理，所以最簡單的方式還是自己教，就跟訓練寵物差不多而已，真的不會教，或是妳懶的教，也可以委託給我來教，但這是需要繳學費的，想省錢的話還是自己的男人自己教吧！但如果兩人價值觀差異太大，磨合到最後雙方都不願再改變，也只剩下分手這條路了（相關技術請參閱分手技巧章節），不需要過度挫折，畢竟雙方都努力過了，不會留下遺憾。有時候真的只是價值觀不同罷了，不是誰對誰錯的問題，來個漂亮的分手，或許以後還能繼續當朋友。

如果男生告訴妳他想去做妳不喜歡的活動，如去夜店、和女生朋友出去玩等等，可以想像妳的心情一定很不美麗，

但如果妳還能忍受的話，就請讓他去吧。如果他真的想亂來大可不告訴妳或說謊，他會主動報備是有把妳放在心裡。或許妳會想他是不是想惹妳生氣、讓妳吃醋，講實話多數情況我們根本沒動腦想到這樣妳會不開心。如果真的無法接受就不准他去吧，但請不要用懷疑、猜忌的的方式阻止他。如「你是不是要去找其他女人」，這類話我們聽了會很生氣，有種不被信任、被誣賴的感覺，我們只是很單純想開開心心出去玩，妳不准就算了還責罵我們，懷疑我們要偷吃，這樣反而提醒腦袋空空的我們還有偷吃這一招。此時我們腦中只會覺得妳莫名其妙而不是自己做了蠢事，很容易就吵架進入負能量循環。妳可以不開心的跟他說「我不喜歡你去」、「我希望你多花一點時間陪我」這類的，不用過度解釋妳的擔憂或為什麼不讓他去，他不見得聽得懂，只要讓他知道如果去了，妳會很不開心，就不會好好跟他約會相處，最後就讓他自己決定到底要出去還是陪妳吧！

相信所有女生都害怕遇到恐怖情人吧，但其實恐怖情人不見得是先天的，有可能是在雙方不恰當的相處、溝通模式下共同產生的。男人先天情感覺察能力差，吵架往往都是用理性分析，理性思維在處理日常生活多數事情都是管用的，但偏偏在愛情裡不管用。當他發現不論怎麼講道理都沒用，這個時候他會越來越緊張焦慮，講話音量開始增加，說話內容越來越沒有邏輯，甚至開始動怒發脾氣放棄理性溝通，目的是靠氣勢控制住局面，來維護自己的尊嚴、面子。

對，面子對男人而言真的很重要，這涉及到演化心理學，從古代開始高地位的男人享有更多的資源，更容易生存下來。就好比說住在城堡裡的貴族跟住在稻草屋的農夫，遇到天災或戰亂時貴族絕對更有可能生存下來，而些高地位者通常會很在乎尊嚴、面子。這樣尊貴的形象才有利他們鞏固自己的地位，表現的太懦弱很可能不被屬下信賴、可能會被下層推翻，進而喪命。因此男人才會如此愛面子，畢竟地位形象、尊嚴面子會影響到他生存的機率呢。那我們回到現代，如果這時候憤怒依舊無法嚇唬對方、解決問題，就只剩下「暴力」和「性」這兩種最原始的手段，來鞏固他的地位了。萬一事情發展到這個地步，真的會危及到妳的人生安全，最好的方法是根本不要有機會讓他進入失控狀態，當他講話開始大聲帶點怒氣時，最好就停下來不要再吵了，可以使用沉默法或是告訴他我累了暫時不想吵，或是使用女性特有的撫媚、嬌柔特質安撫他的情緒，告訴他「寶貝你不要這麼兇，我會害怕」，雖然是他有錯在先才開始吵架，但此時是非對錯根本不重要，妳的安危才是重要的，請不要賭氣而因小失大。

　　如果是有其他追求者喜歡妳的情人，或是疑似有小三該如何處理呢？相信妳一定是氣到不行，但這種時候千萬不能動怒，先發怒的人基本上就輸了。如果妳直接發脾氣和他吵架，站在他的角度只會覺得和原配再一起都在吵架，和第三者相處是快樂有新鮮感的，到不如直接跟第三者再一起好

了。所以這個時候我會建議去提升個人魅力，不論是外表打扮，還是內在的女性特質都要，並且最好在外表做點變化，讓他對妳重新燃起新鮮感，然後先裝做不知道有小三，並且對待男友比平常更好！這邊可以考慮使用前幾段說過的心錨技巧，想辦法讓妳們的互動模式會到熱戀期的樣子，才有可能讓他把注意力轉移到妳身上。

比較理想的情況是他察覺到妳的用意，或是對自己行為感到罪惡後，乖乖回來妳身邊。萬一都沒有改善，只好明講妳不接受現在這種狀況（一樣請盡量冷靜用講的，最好不要用憤怒吵架的方式），要他在妳們之間做選擇。如果他最後真的選了小三，那這段感情恐怕真的沒救了，但至少妳已經做到完美沒有遺憾了，也提升了個人魅力，有本錢去找尋更好的對象了，加油吧勇敢的女孩！

如果遇到男生想分手，但妳不想分的情況該如何是好，概念和上段類似，他提分手的當下不建議用哭鬧生氣的方式「要求」他繼續這段感情。請盡量發揮女性特質，用嬌柔、楚楚可憐的方式表達妳很難過，請他再想想看不要那麼快做決定，這樣他比較可能會心軟暫時不分。然後這段空檔期間妳也要盡量去提升個人魅力，盡可能在他面前呈現妳最美好的一面，必竟一個整天哭哭啼啼負能量滿滿的女孩真的不討喜。並且妳還要好好檢視這段感情中是否有哪邊沒做好，才讓他有想分手的念頭，並盡可能改善這些缺點，才有機會讓

他重新愛上妳，如果只有楚楚可憐卻沒有任何實際改變，妳們最後還是會分手的。如果真的想不出有那裡做不好，或真的無法改變，代表妳們真的不適合，就認命分手吧，分手後一樣要先好好照顧自己，休息完再次面對自己的生活，再去遇見下一個他吧！

　　我自己觀察到一個很奇怪的現象，女生在感情受挫後非常喜歡剪頭髮，讓自己變得很強悍很獨立、有力量能夠照顧身邊的人，像個小男生一樣。但這真的很奇怪，妳明明討厭男生，卻想擁有和男生相似的特質，為什麼不是去變得跟他截然不同呢？如果妳真的下定決心再也不和男人談戀愛，這樣做沒問題，但如果只是想改變風格、給自己一個警惕要變得更好，讓那個討厭的男人後悔當初做了錯誤決定，那就千萬別剪短頭髮。

　　我能想像妳現在心情一定糟糕無比，想做點什麼，但剪短頭髮真的不會有幫助，真要剪也請別短過下巴。長髮通常是女性獨有特質，短髮非常容易讓妳在外表上失去女人味，萬一妳真的失去女人味，他只會慶幸好險當初分了，就算妳的能力、事業突飛猛進勝過他，他要不了多久就忘了這件事，他會自動忽略妳這個女強人，**因為妳的能力才華、經濟能力從來都不是他最在乎的**。更高端、強大、正向的報復方式應該是，讓自己變得更美、更有女人味，成為一個男生、女生都會喜歡的神力女超人（相關論述請參閱女性魅力章

節），讓自己過得開心並且認識更好的男生，讓這些更優質的男生來追求妳、照顧妳對妳好，這樣才能讓他痛徹心扉，後悔當初錯過了妳！

成人
情感教育
第一版

■分手技巧

被提分手是件非常難過的事，但主動提分手也是件很惱人的事，特別是下列這種情況，妳們之間沒有第三者，他也沒做什麼對不起妳的事，兩個人其實也沒什麼吵架，但就是感情淡了，或是他真的就是不懂妳、不適合妳，這種情況到底該如何是好？或許有些女生會覺得這樣就分手會有罪惡感、對不起男方，因此不敢開口提分手，我可以想像要妳主動說分手是件很彆扭、尷尬的事，但這種情況我真心建議還是分手吧，拖得越久傷害越大。至於罪惡感這塊其實不需要顧慮太多，愛情本來就是感覺至上，妳沒有義務一定要和他在一起一輩子，**妳自己的人生幸福才是最重要的**。與其和一個沒感覺的人再一起，倒不如把時間留給自己，或是找尋其他對象，再者也有可能是他不懂如何談戀愛，才讓妳沒感覺，不見得都是妳的錯。真的想幫他或改變他的話，間接的讓他接觸到情感教育來學習，也是可行的選擇，不然還是建議果斷分手吧！

如果是上述沒感覺或是吵架太兇、兩人差異太大真的磨合不來，就只剩下分手這條路了。女生向男生提分手有個非常重要的概念，那就是要暫時關閉同情心，盡量直白果斷的把話說死，表現出平常小女人完全相反特質，讓他知道妳們繼續再一起的機率是零。因為在妳想分男方不想分的狀況下，男人的執著心是非常強悍的，只要讓他感受到有萬分之

一的機會，他都會去嘗試。要是他一直纏著妳妳也麻煩，他也痛苦浪費彼此的時間（拒絕不喜歡的對象時也是同樣原理，一定要讓他知道成功率是零），就算覺得他人不錯想繼續當朋友，為了他好這個時間點千萬不要說，長痛絕對不如短痛，再者能不能當朋友也不是妳一個人能決定的，真的想試著當朋友也等他完全走出情傷再說。

　　具體一點的拒絕方式如下，妳可以說「我非常確定要分手了，我們繼續再一起的機會是零」，此時也要表現女性特質的反面，音調壓低語速放慢，用字精簡果斷，說話的方式平淡甚至有點冷酷，強勢堅決的態度便是關鍵。如果他追問「是什麼原因讓妳想分手？我都可以改」該如何處理？相信多數女生聽到這個都很頭痛，光是把話說白就已經很尷尬、彆扭了，而他現在還是聽不懂，我只能說抱歉，我們男生就是比較笨真的聽不懂，這種時候沒得到一個明確具體的答案是不會死心的，走到這地步妳也只好直白講出他讓妳不滿的點了。但必須視現場情況調整內容，所謂現場情況是妳們是否處於公共場合、他平時脾氣好不好以及當下他的情緒狀況，如果覺得狀況穩定的話就直說他讓妳不滿的缺點吧。如工作不認真、對未來沒有規劃讓妳沒有安全感、脾氣不好愛生氣，相處起來很累、過度自我中心，不花時間陪伴妳等等，然後冷冷地說我已經對這段感情死心了，不需要浪費時間挽回了。這樣聽來很殘忍，但這樣他才有可能改變，避免未來再犯同樣的錯，對他比較好。但如果這個缺點是先天性

他無法改變的，就不用說得太清楚了，講了他也改變不了，還有可能情緒失控妳也危險。如果是這種無法改變的缺點，或是他平常情緒控制就不太好的話，就只好說些比較含糊的理由。如我現在和你在一起不快樂、我覺得我們不適合、我們有緣無分，所以我很確定要結束這段關係了，用這類話相對比較沒殺傷力。但他不見得會買帳，可能還是會繼續纏著妳，就請保持冷漠用差不多的話應付他，做好長期抗戰的準備，一段時間後他就會死心的，加油吧！

■分手挽回技巧

　　如果分手後才發現前任才是真愛，有想挽回前任的念頭，該怎麼辦呢？概念其實很簡單，只是操作有其難度存在。**分手後就等於過去這段感情已經終止了，得從頭自曖昧期開始一段全新的關係**，是一段新的故事而非再續前緣，得從新把愛情5階段跑過一遍。很重要的第一步就是好好照顧自己的心情，剛經歷分手自身的情緒一定非常糟糕，再把自己調適好前都不要跟前任有任何往來，不管他是結交新歡還是回頭找妳都先不要理他，任何可能聯想到對方的事物能刪則刪、能藏則藏，並慢慢接受對方已經不是妳的另一半，而是朋友甚至是陌生人的事實。直到妳真的走出傷痛後再去接觸他，如果在還是很崩潰的狀態下就去找對方，妳可能還把他當成妳的情人，用情人的方式跟他互動，站在對方的立場是非常奇怪甚至不舒服的，這種錯誤就好比曖昧期對他做了熱戀期才會做的事，特別又是這種分手後試圖挽回卻再度犯錯，就真的救不回來了。

　　確定自己情緒足夠穩定後，再去找機會和他重新接觸認識，試圖重啟當初的曖昧期。觀念上是一段全新的關係而非再續前緣，建議可以在自己的外表上做些改變，如換髮型或是新的穿衣風格。在最初的曖昧期我會建議直接肢體曖昧，**但在挽回階段最好不要直接肢體曖昧**。雖然肢體接觸很容易產生火花，但萬一他見妳主動找他又直接肢體曖昧，產生只

是單純想再吃妳一次的念頭就不好了。這次要慢慢從朋友關係開始，從他有興趣的話題聊天開始，聊天熱絡後再邀約出來，並在約會過程中慢慢加入語言曖昧。此時應該要靠妳的內在魅力特質吸引他（當然外表還是很重要，一定要讓自己美美的），讓自己更有女人味更有女性魅力，才能讓他對妳重新產生興趣，甚至引起他想追求妳的的慾望。而且妳已經有了跟他交往過的經驗，已經很清楚他的喜好是什麼，這將會是妳非常棒的優勢。也可以搭配心錨技巧使用，但此時要小心操作不要喚起過去吵架分手不好的回憶。

此時有一個非常非常重要事情要注意，**盡量強化妳以前吸引到他的優點**，**絕對要改掉以前造成妳們爭吵的缺點**，妳們當初會分手一定是妳有些地方讓他不能接受（當然他也有些缺點讓妳不開心，如果重啟曖昧期相處後，發現他都沒有改變，妳可要好好思考到底該不該復合了），妳一定要改掉之前造成分手的缺點，那是問題真正的核心，沒有改變卻再次複合，等到新一輪磨合期妳們一樣會分手。這點在平復好自身情緒後一定要好好思考，如果這些點妳真的無法或不願意改變，那代表妳們其實根本不適合，就千萬不要再復合以免雙方再次受傷。如果妳成功改變也別大意，妳們一樣會再次經歷磨合期，為相似或截然不同的事物吵架，但有了先前經驗，只要用心慢慢處理相信可以度過難關的。

05 友伴期

　　如果順利撐過磨合期的爭吵，接著應該會進入一段很平靜的感情狀態，會平淡到像好朋友、家人。愛情本來就不會是一個固定不變的狀態，相處久了太熟悉對方時，感情自然就會淡掉。友伴期的心理重心會從伴侶身上轉回自己，可能會開始想要有自己的時間空間，做自己喜歡的事和自己的朋友相處。此時伴侶對妳不再有那麼強烈的吸引力又或者伴侶沒有那麼想跟妳黏在一起，這是非常正常的。畢竟愛情不會是妳人生的全部，此時可以多花一點時間在自己身上，學會自己和自己相處。

　　妳的生命中不可能有人隨時能陪伴妳，如果當妳一個人獨處時就會陷入恐慌需要人陪，妳身邊的人會非常的累。**妳必須學會自行處理人生中的空虛**，人生七八十餘年真的是很漫長的旅程，忙的時候恨不得時間多一點，但時間過多的時候又充滿空虛、沒有意義感。因此追求**理想中的生活**就非常重要了，注意是「生活」而不是「夢想」。現在多數正面、激勵人心的演講、文章都是在鼓勵人們追求夢想，但夢想比較像是「一次性」的目標。譬如環遊世界、贏得某某競賽第一名，買房買名車等等，它是純然的喜悅，達成的當下當然很開心，三天後也還開心，但一個禮拜、一個月、一年之後

呢？喜悅恐怕早已不再，但生活仍然繼續，妳要人生當中永遠都是快樂高潮，那是不可能的事。

因此我個人不鼓勵追求夢想，我鼓勵去追求一份妳喜歡且實際可行的生活模式。生活一定有它辛苦的地方，它會一直伴隨著妳直到生命結束的那天，但妳卻能享受這樣有歡笑有淚水的生活，從中體會生命的喜悅。那麼理想的生活到底該有什麼？這因人而異沒有標準答案，有人需要住大房子、天天吃龍蝦牛排，她才覺得稱得上是生活。有人吃滷肉飯就夠了，但她一定要每個月都買新衣服，不然算不上生活。有人覺得讓她的家人朋友過得開心就算是生活了。至於對妳而言理想生活是什麼？也只有靠妳自己實際去接觸不同的環境、工作、朋友、休閒活動後，靠自己去找出答案了。

雖然此階段的重心是自己，不代表不用花心思在伴侶身上，妳可以和對方分享妳追尋理想生活的過程，或是有什麼新的想法，說說妳未來有什麼新目標、有什麼想做的事，新的事物、生活模式絕對可以為妳們的關係帶來新奇感。另外共同的休閒活動、話題就會變成兩人非常重要的連結，兩個**人即使少了強烈的感情元素，仍然能像好朋友般的一同玩樂聊天互動**，是這個階段的重要課題。如果做不到，代表兩人的關係是單純靠激情的火苗在聯繫，它必定會有暫時熄滅的時候。這時兩個人的關係會變得過於疏遠，是無法度過這一關的。

　　如果妳們在曖昧期是因為有共同興趣而認識的，那恭喜妳這階段會走的比較輕鬆，就繼續用妳們共同的休閒活動來做連結，或是進而找出新的共同活動也很好。那如果一開始沒有務必要開始培養雙方都有興趣的休閒活動。興趣絕對可以後天培養出來的，萬一喜歡的東西真的差太多，就要輪替陪伴參與對方喜歡的活動。不見得要變得跟對方完全一模一樣，只要一定程度的相似、雙方可以接受就好。比如說妳喜歡看書逛展，妳的伴侶卻喜歡戶外運動，他要妳陪他去跑馬拉松，或是妳要他陪妳在書店逛一整天，都一定會受不了。妳可以請他陪妳逛個小展就好，然後妳爾偶陪他去公園慢跑。記得一定要是對方能夠接受的程度，就算沒有辦法玩的超級開心也沒關係，重點是「**陪伴**」，這正是友伴期的核心概念，讓對方知道妳是在乎他的，願意付出時間心力在他身上，這樣就夠了。

　　還有一點值得注意的是，如果停在友伴期過久的話也不太好，會真的變成好朋友或家人的感覺，而非情人身分。當妳發現一段時間都專注在自己的事情上、跟伴侶的互動變很少時，請想想當初熱戀時妳們的互動方式，妳會為他打扮美美的，盡量展現小女人的那面。他做了點小事妳會誇獎他很優秀，然後跟他撒嬌等等。甚至展現女人撫媚的那一面，勾引他讓他想佔有妳。請盡可能再次做出這些熱戀期才會做的舉動，讓妳們的互動模式彷彿回到以前熱戀期。如果妳們已經結婚的話，甚至可以考慮再次拍婚紗照做紀念，回憶當初

新婚的美妙，並比照當年和現在的模樣，這對夫妻來說是非常有意義、非常有紀念價值的呢！這樣才能讓妳們平淡的感情狀態再次加入活血，甚至再度啟動新的熱戀期，再度享受美好的戀愛關係。最後一個小提醒，能夠度過磨合期真的非常不簡單，友伴期是相對簡單好處理的課題，在這裡出問題真的會非常非常的可惜，請好好珍惜能夠和妳一起走到這的伴侶。

06 穩定期

　　如果能順利走過前面四階段的風風雨雨，相信妳們對彼此的認識都更深了，妳會發現對方沒有妳想像中的完美，有他的缺點。他其實也沒有完全懂妳，妳有時候也搞不清楚他在想什麼，有時候意見不合會出現磨擦，帶給妳帶來負面情緒影響妳的生活。**即使妳知道這些，但妳仍然想和他一起生活、繼續這段關係**，恭喜妳，妳們所付出的努力有所成果了，妳們是一對相當契合的情侶，有條件走入穩定期了。

　　穩定期雖然不像熱戀期、曖昧期有那麼高強度的愉悅、刺激感，取而代之的是細水長流、平靜穩穩的幸福感，這種獨特的感受恐怕只有親身體驗過才能理解，而且妳會覺得先前的努力值回票價。此時可以對伴侶許下「**承諾**」，或許對方就是和妳白頭偕老的另一半了。妳們可以一同計劃未來要一起做哪些事，像是一起存錢出國玩、一同進修、一起買車買房，甚至什麼時候結婚等等，擁有共同的目標能讓妳們之間的連結性更強，比較不會變的疏遠各過各的。

　　此階段雖然叫穩定期，**但不代表妳們的關係不再變動**了。早在前言部分就有提到，愛情是一種隨時間改變的人際關係，妳們的愛情依舊會繼續起伏，進入第二周期。只是這

次的變化不像前面四階段有順序，此時沒有特定規律順序難以預測。妳們依舊會有磨合期再次吵架，有時候又像家人朋友一樣經歷友伴期，有時候又會重啟熱戀期，再次燃起愛火想吃了對方，有時又變得不太確定對方心裡想什麼，充滿曖昧期的不確定感。但不論如何都是第二次經歷這些階段了，有需要就回去複習各階段章節，該做的事其實都大同小異，相信妳一定可以處理好的。

最後我個人對能走到這的佳偶致上敬意，妳們都為這段感情付出了很大的努力，有過歡笑有過淚水，才能換來今天的成果。妳們之間獨一無二的故事與情感，不是他人能夠輕易取代的，請好好珍惜妳現在的另一半，很有可能他就是那個陪妳走到生命盡頭的人，祝福妳們，在愛情各個階段之中永遠走下去。

國家圖書館出版品預行編目資料

情感教育：成人第一版／盧洋平著. --初版.--臺
中市：白象文化，2019.10
　　面；　公分
ISBN 978-986-358-875-7（平裝）
1.戀愛 2.兩性關係
544.37　　　　　　　　　　108013091

情感教育：成人第一版

作　　者　盧洋平
校　　對　盧洋平
專案主編　黃麗穎
出版編印　吳適意、林榮威、林孟侃、陳逸儒、黃麗穎
設計創意　張禮南、何佳諠
經銷推廣　李莉吟、莊博亞、劉育姍、李如玉
經紀企劃　張輝潭、洪怡欣、徐錦淳、黃姿虹
營運管理　林金郎、曾千熏
發 行 人　張輝潭
出版發行　白象文化事業有限公司
　　　　　412台中市大里區科技路1號8樓之2（台中軟體園區）
　　　　　出版專線：（04）2496-5995　　傳真：（04）2496-9901
　　　　　401台中市東區和平街228巷44號（經銷部）
　　　　　購書專線：（04）2220-8589　　傳真：（04）2220-8505
印　　刷　基盛印刷工場
初版一刷　2019年10月
定　　價　400元

白象文化　印書小舖　出版 · 經銷 · 宣傳 · 設計
PressStore
www.ElephantWhite.com.tw　自費出版的領導者　購書 白象文化生活館